ANAYA

ESPAÑOL LENGUA EXTRANJERA

en

escritura

Myriam Álvarez
M.ª Ángeles Álvarez Martínez

Medio B1

ANAYA ñ ELE

Equipo de la Universidad de Alcalá

Dirección de la serie Anaya ELE en Escritura: María Ángeles Álvarez Martínez

Programación: María Ángeles Álvarez Martínez
Ana Blanco Canales
María Jesús Torrens Álvarez

Juan Ignacio Luca de Tena, 15 - 28027 Madrid

2.ª edición: 2011

Depósito legal: M-4744-2011
ISBN: 978-84-667-8376-7
Printed in Spain
Imprime: Huertas Industrias Gráficas, S.A.

Equipo editorial
Edición: Milagros Bodas, Sonia de Pedro
Corrección: Lorena Esmorís
Cubierta: Fernando Chiralt
Diseño de interiores y maquetación: Ángel Guerrero

PRESENTACIÓN

Anaya ELE en es una colección temática diseñada para aunar teoría y práctica en distintos ámbitos de la enseñanza de Español como Lengua Extranjera. Su objetivo es ofrecer un material útil donde la teoría se combine de forma coherente con la práctica y permita al alumno una ejercitación formal y contextualizada con actividades amenas y variadas, teniendo en cuenta siempre el uso de los contenidos que se practiquen.

Esta colección se inició con un libro dedicado a los verbos, un referente destinado a estudiantes de todos los niveles.

Anaya ELE en es una serie dedicada a la **gramática,** al **vocabulario,** a la **fonética** y a la **escritura.** Se estructura en tres niveles siguiendo los parámetros del actual *Plan Curricular del Instituto Cervantes* (2007).

ESTRUCTURA

Este libro de escritura **teórico-práctico** se divide en dos partes: Textos comunicativos y Textos creativos, donde se explican y comentan, de forma detallada, las características fundamentales de los distintos tipos de texto; para ello, se recurre a una abundante ejemplificación, ya que para aprender a escribir es necesario conocer y analizar textos similares a aquellos que se quieren «construir».

Cada capítulo consta de:

- **Teoría.** Explicación y ejemplificación amplia y detallada de tipología textual variada.
- **Práctica.** Ejercicios de reconocimiento, redacción y construcción de textos.

Es una excelente propuesta para adentrarse en el conocimiento de los textos y de la escritura, facetas por lo general poco atendidas en la enseñanza del español para extranjeros.

En todos los manuales se incluyen las **soluciones** de los ejercicios; de esta forma se constituye en una herramienta eficaz para ser utilizada en el aula o como **autoaprendizaje.**

Anaya ELE en pone al alcance del estudiante de Español como Lengua Extranjera un material de trabajo que le sirve de **complemento a cualquier método.**

ÍNDICE

Leer –o interpretar los textos– es el primer paso para escribir, porque se escribe desde lo que se lee. La escritura, por tanto, ha de pasar por una «imitación» de textos escritos con anterioridad. Acceder a los textos escritos por autores consagrados, caminar por las vías que otros abrieron antes que nosotros, es una reconfortante tarea que puede ayudarnos a encontrar nuestra expresión personal. Por tanto, «imitar» no es copiar simplemente a los que nos precedieron, sino descubrir en la manifestación de sus inquietudes y/o satisfacciones la clave para expresar las nuestras.

El texto escrito nos permite examinar cuidadosa y atentamente el léxico y el contenido, las estructuras sintácticas, a través de los cuales se nos transmite la información. A partir de ese momento, seremos capaces de elaborar discursos siguiendo nuestros gustos y nuestra propia inclinación.

Las autoras

Parte I
Textos comunicativos

Los textos comunicativos son aquellos que tienen como finalidad transmitir una información.

Algunos de estos textos poseen un esquema muy rígido y utilizan fórmulas inalterables. En realidad, aunque existen distintos tipos, en ellos se repiten esquemas similares. Estos son los textos que estudiaremos en el primer capítulo.

Hay otros textos que también tienen como objetivo comunicar una información, pero en contextos diferentes. Cumplen la misma función social partiendo de otros intereses. Son los textos expositivos que estudiaremos en el segundo capítulo.

1 TEXTOS ÚTILES EN LA VIDA DIARIA

En el desarrollo cotidiano de nuestra vida necesitamos interpretar y, además, escribir textos. Vivimos, en efecto, en una sociedad dominada por los textos escritos; las actividades diarias suelen girar cada vez más alrededor de estos textos, bien para descifrar el significado de cada uno de ellos, bien para convertirnos nosotros mismos en autores de otros escritos, cuyo destino a veces vagamente conocemos. Esta última tarea resulta más difícil.

Los textos entre los que nos movemos a diario suelen estar **codificados** con bastante rigor, esto es, se construyen según un esquema más o menos fijo, inmutable, que todos debemos conocer. Por esta razón, estos textos requieren una práctica continuada, una repetición que conducirá de forma rápida a la adquisición de esta técnica.

Los textos que vamos a estudiar en este capítulo suelen escribirse y circular en un espacio público: en la Administración, en el mundo de los negocios, en el ámbito académico, etcétera.

Textos muy codificados

Entre la gran variedad de textos que habitualmente debemos elaborar, existen algunos muy esquematizados, en donde solo se pueden expresar los datos o información que se pide; es decir, no hay lugar para ampliar o añadir ningún detalle. Son textos cerrados.

Estos textos, utilizados en ámbitos administrativos sobre todo, suelen venir ya impresos, con espacios en blanco para ser completados –cumplimentados– por el interesado.

I Impresos y formularios

Tanto el **impreso** como el **formulario** son textos que has de completar con gran frecuencia.

Están constituidos por fórmulas en donde se especifican unos temas muy concretos, y la información que recogen, una vez cumplimentados, es considerable. Son textos prácticos, de fácil y rápida escritura, que dominan en la actualidad no solo en el ámbito administrativo, sino también en el complejo mundo de los negocios.

El impreso suele ser más breve que el formulario, aunque en ocasiones los límites entre uno y otro no están suficientemente claros. Lo más habitual es que los formularios se difundan en periódicos o revistas de gran tirada o en el momento de realizar una compra; en cambio, los impresos suelen darse en contextos ligados a la Administración o al ámbito académico.

Estos textos sirven para:

- Dar información rápida y de forma económica.
- Almacenar datos de interés «social».
- Conocer gustos y hábitos de un grupo determinado.
- Mejorar la venta de un producto.
- Ofrecer una mercancía y atraer a futuros compradores.

Te proponemos este ejemplo, aparecido en una revista juvenil, en donde se ofrece al destinatario ampliar estudios a través de cursos especializados (informática, idiomas, turismo, fotografía, marketing, esteticista...):

Rellena esta solicitud con tus datos en mayúsculas:

Curso/s sobre el/los que deseo recibir información: ....

....

Nombre y apellidos: ....

Domicilio: ....

N.º: .... piso .... puerta .... C. P. ....

Población: .... Provincia: ....

Tel. fijo: .... Tel. móvil: ....

Fecha de nacimiento: .... Profesión: ....

Si te matriculas ahora te regalamos la conexión a Internet.

Observa

- **El tono COLOQUIAL** y directo, a través del uso de la 2.ª persona, que se emplea para lograr una mejor comunicación con el usuario joven.
- **La PETICIÓN de la fecha** de nacimiento, entre otros datos, que es decisiva para perfilar este tipo de curso.
- **La MENCIÓN de los dos teléfonos,** el fijo y el móvil, que indica la adecuación de estos cuestionarios al momento actual.

Es muy frecuente también tener que rellenar los datos que se piden en un impreso para obtener un carné o documento que nos permita acceder a un determinado organismo (biblioteca, club deportivo, sociedad recreativa privada, compañía médica...).

Los impresos de este tipo suelen seguir este modelo:

Tarjeta / Socio n.º

Primer apellido: ....

Segundo apellido: ....

Nombre: ....

C. P. : .... Ciudad: ....

País: .... Teléfono: ....

Profesión: ....

D.N.I. o Pasaporte n.º: ....

N.I.F.: ....

Zaragoza, ... de .... de 2010

Firma:

(Por favor, conteste a todas las preguntas. La información recogida es confidencial)

II FACTURAS

La factura es un documento en donde se refleja la compra o venta que se ha realizado y lo que se ha pagado o cobrado por ello. Es por tanto un documento que **justifica** la compra y/o venta de un producto o el pago de un servicio.

La disposición de los datos es siempre la misma:

- Nombre del comprador y del vendedor (o de la persona que recibe el servicio y el de la que lo presta).
- Descripción del producto o servicio.

- Cantidad, calidad, precio por unidad, en su caso.
- Lugar y fecha en que ha tenido lugar la compra/venta o servicio.
- Importe del IVA[1].

Es también un tipo de texto muy regulado, esto es, las facturas suelen estar ya impresas y únicamente es necesario llenar los espacios en blanco con las informaciones concretas, o bien siguen un modelo estándar como el que te ofrecemos a continuación:

MARTAL, Muebles Tapizados, S. A.
Selección 12, bloque 3
Tfno.: 928345432
Telde, Las Palmas de Gran Canaria

Fecha: 11 de marzo de 2011

D. José Álvarez
La Noria, 17
Sta. Cruz de Tenerife

N.º de pedido	cantidad	artículo	precio (en euros)	importe
231	1	sofá napoleón 3P	418,30	418,30
	13	tela calipso 4356-6	20,19	262,47
	1	sillón 1P	204,95	204,95
			TOTAL...........	885,72
			18 % IVA............	159,43
			TOTAL A PAGAR.....	1.045,15

Fecha y firma:

[1] El IVA (Impuesto sobre el Valor Añadido) es el impuesto que hay que pagar por todos los productos que se compren o los servicios que se utilicen.

OTROS TEXTOS

Hay otros textos de uso cotidiano también codificados, sistematizados, que, sin embargo, admiten algún cambio en la elaboración definitiva, dejando lugar a la iniciativa propia y al criterio de la persona que los redacta.

Son textos que no han de ofrecer dificultades para el que los lee y deben asimismo estar caracterizados por:

- La sencillez sintáctica y expresiva.
- La separación tipográfica del texto en apartados.

I ANUNCIOS

Se utilizan en la Administración pública para informar de ciertos **asuntos sociales** al público en general. De esta forma, en los boletines oficiales, así como en otros medios de comunicación (periódicos), se han de difundir temas como la convocatoria de oposiciones, la subasta de unos terrenos, la contratación de personal, la adjudicación de obras, entre otros.

Lo más habitual es que también las **ofertas de trabajo** de empresas privadas se publiquen en la prensa diaria. Siguen un esquema casi invariable para facilitar su comprensión a los lectores, y están articuladas en partes perfectamente señaladas.

Puedes comprobar la distribución gráfica y la claridad expresiva tanto de lo que se exige como de lo que se ofrece en el ejemplo que te damos a continuación:

Compañía aérea de Vuelos de Largo Radio

Necesita para ampliación de su flota de AIRBUS
A-310 y A-340

TRIPULANTES DE CABINA DE PASAJEROS (TCPS)

REQUISITOS:

- Edad máxima: 26 años.
- Estatura mínima: 1,68 m.
- Dominio de idiomas: español e inglés, valorándose positivamente otros idiomas, como el alemán.
- Estudios de nivel superior.
- Excelente presencia.

NUESTRA OFERTA DE TRABAJO:

- Base: Madrid.
- Incorporación de acuerdo a las necesidades de la compañía.
- Condiciones económicas a convenir.
- Pertenecer a la plantilla de la compañía, líder en vuelos de largo radio, mediante contrato laboral estable.
- Tratamiento confidencial de su solicitud.

Las personas interesadas deberán enviar CURRÍCULUM VÍTAE aportando la máxima información disponible sobre los requisitos exigidos, así como dos fotografías recientes, una de cuerpo entero y otra de tamaño carné, dirigiéndose por escrito a:

Avda. de la Ilustración, 222, 28017 - MADRID.

II El currículum vítae

Mediante el currículum vítae damos a conocer nuestros datos personales, así como nuestra trayectoria académica y profesional. Es un texto que nos vemos obligados a presentar en muchas y diversas circunstancias de la vida: para solicitar una beca o un trabajo, para ser admitido en un centro de estudios, para participar en congresos o en reuniones científicas, para presentarse a una oposición, etcétera.

✔ ¿De qué partes consta un currículum vítae?

1) Datos personales.
2) Puesto que se ocupa actualmente.
3) Formación académica.
4) Experiencia profesional.
5) Aspiraciones económicas (cuando proceda).

Lo normal es que, al redactar un currículum, se siga este orden.

Se ofrecen en primer lugar los datos personales: lugar y fecha de nacimiento, nacionalidad, estado civil, domicilio actual, número del D.N.I. y del N.I.F. (Número de Identificación Fiscal).

A continuación, se menciona la situación profesional en la que se encuentra el interesado en el momento de redactar el texto.

En tercer lugar, se debe exponer la relación detallada de los estudios realizados, los títulos obtenidos y los idiomas que se conocen, indicando en este caso el nivel en lectura, comprensión y conversación.

Después, se detallará la experiencia profesional que se posee. Es conveniente especificar el tiempo que ha durado cada trabajo y las empresas para las que se ha trabajado.

El último punto (aspiraciones económicas) se incluirá únicamente si el currículum se va a presentar para solicitar un puesto de trabajo muy determinado (como economista o agente de bolsa, por ejemplo).

Veamos un ejemplo:

CURRÍCULUM VÍTAE

Datos personales

Nombre: Andrea García Villamayor

Fecha y lugar de nacimiento: 24 de junio de 1974, en Jerez de la Frontera (Cádiz)

N.I.F.: 34.554.665-Y

Dirección: Rodríguez de la Fuente, 56, 3.°

Formación académica

- Título de licenciada en Ciencias Empresariales por ICADE, expedido en Madrid el 22 de junio de 1997.
- Máster en Derecho Internacional (70 horas) realizado en el mismo centro de ICADE.
- Cursillo de Informática realizado en la Universidad de Cádiz, en el curso 1998-1999.
- En posesión del *First Certificate* por la Universidad de Cambridge.
- Conocimiento de francés, nivel medio.

Historial profesional

- Asesora en la empresa Retasol (julio de 2000).
- Administración en la empresa hotelera Miramar, S. A. (de octubre a diciembre de 2001).

Sin embargo, en la actualidad se tiende a invertir el orden de este modelo tradicional e indicar en primer lugar la **fecha de realización de trabajos y cursos.** Esta disposición permite observar mejor la trayectoria o el progreso del candidato al puesto de trabajo.

El modelo entonces será de esta forma:

CURRÍCULUM VÍTAE

Datos personales

Andrea García Villamayor, nacida el 24 de junio de 1974 en Jerez de la Frontera (Cádiz), soltera, con domicilio en c/ Rodríguez de la Fuente, 56, 3.°, en Jerez de la Frontera, y con N.I.F. n.° 34.554.665-Y.

Formación académica

1992-1997. Licenciatura en Ciencias Empresariales por ICADE, Madrid.

1998-1999. Cursillo de Informática realizado en la Universidad de Cádiz.

1999-2000. *First Certificate* por la Universidad de Cambridge.

Experiencia profesional

2000. Asesora en la empresa Retasol.

2001. Administración en la empresa hotelera Miramar, S. A. durante los meses de octubre, noviembre y diciembre.

✔ Características del currículum vítae

El currículum vítae se ha de entender como una carta de presentación que se redacta para obtener algo; por tanto, debe reunir las siguientes características:

- Claridad.
- Exactitud.
- Una presentación correcta.

III La instancia

Es uno de los textos más utilizados en el contexto administrativo. Es un texto que has de escribir si necesitas pedir algo, o solicitar alguna medida a la que consideras que tienes derecho. La instancia posee:

- Una finalidad determinada.
- Un esquema bastante fijo e inalterable.

✔ ¿De qué partes consta una instancia?

1) Datos del solicitante: nombre, apellidos, n.° de D.N.I., profesión y domicilio.

2) Exposición detallada del motivo por el que se presenta la instancia.

3) La petición propiamente dicha. Este apartado y el anterior tienen que estar bien destacados; para ello se ponen en mayúsculas las palabras que deben comenzar estos apartados: EXPONE, SOLICITA o SUPLICA.

4) Fórmulas de cortesía (actualmente son optativas).

5) Lugar, fecha y firma del solicitante.

6) Autoridad a la que va dirigida la instancia. Tiene que ir separada del resto del texto y también con mayúsculas.

Veamos un modelo:

Doña Carmen García Toledano, mayor de edad, con domicilio en el Paseo de los Melancólicos 53, 4.º C, de Madrid, con D.N.I. n.º 24.090.909, como presidenta de la Asociación de Vecinos del Corredor Sur de Madrid, con el debido respeto

EXPONE:

Que habiendo solicitado reiteradas veces en la Junta Municipal de La Latina el incremento de la vigilancia en la zona denominada Corredor Sur de Madrid, debido sobre todo a la inexplicable demora de las obras del túnel que desviará la salida de nuestros edificios a la Ronda Sur, y ante el considerable aumento de robos en el interior de las viviendas, así como en automóviles estacionados dentro y fuera del recinto particular de nuestros bloques,

SOLICITA:

Que proceda a dar las órdenes oportunas para que se conceda de forma oficial y rápida la dotación de una unidad de policía, en horario de noche, para proteger no solo nuestros intereses, sino, y sobre todo, nuestras vidas.

Es justicia que espera alcanzar de V. I.

Madrid, 21 de septiembre de 2010

Fdo.: Carmen García Toledano

Presidenta de la Asociación de Vecinos

ILMO. SR. JEFE DE POLICÍA DE MADRID

Observa

El lenguaje empleado en la elaboración de la instancia es complejo y se caracteriza por:

- **EL PREDOMINIO** de la construcción nominal: hay más sustantivos y adjetivos que verbos, y estos en ocasiones son sustituidos por construcciones en donde aparece un sustantivo *(dar las órdenes* en lugar de *ordenar).*

- **LA UTILIZACIÓN** de las formas no personales del verbo: *habiendo solicitado, proteger.*

- **LA LONGITUD** de las oraciones, de modo que cada párrafo suele estar formado por una sola oración compuesta; este rasgo a veces hace difícil la comprensión del contenido del texto.

- **EL EMPLEO** de clichés y frases hechas: *Es justicia que espera alcanzar de V. I., lo que hago constar a tal efecto, lo que hace público para su conocimiento, de conformidad con lo establecido* en, entre otros. Aunque en los últimos años se tiende a eliminar estas fórmulas, que poseen un cierto sabor antiguo, en ocasiones conviene utilizarlas, pues cumplen un papel de apoyo indispensable, es decir, van marcando las distintas partes del texto.

- **EL USO DE ABREVIATURAS,** rasgo característico del lenguaje administrativo; las más frecuentes son EXCMO. (Excelentísimo) e ILMO. (Ilustrísimo) y los correspondientes V. E. o V. I.

Observa

Has de usar ILMO. cuando te diriges a:
- Directores generales.
- Alcaldes de cualquier ciudad.
- Decanos de universidad.
- Directores de institutos y escuelas.
- Un jefe superior de policía, entre otros.

Y usarás EXCMO. si te diriges:
- Al presidente del Gobierno o a sus ministros.
- Al rector de una universidad.
- A los miembros de las Reales Academias.
- A los alcaldes de Madrid y Barcelona.
- A embajadores.

LA CARTA

La carta representa todavía hoy un lugar destacado en la comunicación, aunque ha sido sustituida prácticamente por el correo electrónico.

a) En **contextos sociales,** las cartas de «cortesía» mantienen en activo ciertas relaciones sociales. Suelen referirse a un acontecimiento concreto, a un hecho particular, y deben poseer un tono cordial. A través de la carta o correo electrónico puedes:
- Dar el pésame, enviar una felicitación.
- Recomendar a alguien.

- Cursar o declinar una invitación.
- Expresar agradecimiento.
- Presentar una queja.
- Solicitar un puesto de trabajo.
- Informar sobre algún asunto económico.

b) En el mundo de los **negocios,** la carta ha pasado a circular en formato de comunicación más rapidos y eficaces (e-mail y fax).

I LA CARTA COMERCIAL

Las cartas comerciales garantizan el buen funcionamiento de las empresas y son instrumentos útiles en la comunicación interpersonal de la mayor parte de las profesiones mercantiles.

Son textos, en efecto, que cumplen una importante función en este espacio; por esta razón hay que cuidar mucho el léxico que se emplea, las estructuras sintácticas y las fórmulas más convenientes para lograr el «buen entendimiento» entre empresas. La **cortesía** se convierte en estos textos en un arma indispensable a caballo entre las normas y las convenciones sociales por un lado, y la configuración lingüística y textual por otro.

✔ **Los rasgos característicos de la carta comercial son:**

- La brevedad.
- La claridad.
- Tratar un solo tema por carta.
- Evitar la ambigüedad.
- La habilidad expresiva.

Algunas fórmulas codificadas que se utilizan en las cartas comerciales son las siguientes:

- **SALUDO**

– *Muy Sr. mío: / Muy Sres. míos:*

- **INTRODUCCIÓN**

– *Por la presente le comunico…*

– *No habiendo recibido contestación…*

– *Me dirijo a Ud. / a esa entidad...*

– *He recibido su atenta carta del pasado...*

- **DESPEDIDA**

– *Reciba mi más cordial saludo*

– *Saludos cordiales*

– *Atentamente*

– *Dándole las gracias por anticipado...*

– *Esperando su contestación, le saluda*

II LA CARTA DE SOLICITUD O PRESENTACIÓN

Es una carta estándar a través de la que se solicita participar en un proceso de selección en las condiciones expresadas en el anuncio correspondiente y con la que se remite el currículum vítae.

Observa el modelo:

Mensaje nuevo

Enviar Chat Adjuntar Agenda Tipo de letra Colores Borrador Navegador de fotos Mostrar plantillas

Para: Comité de selección

De: Antonio López Segura

Asunto: Oferta de plazas de Auxiliar Tripulante de Cabina de Pasajeros

Antonio López Segura
López de Hoyos, 174, 2.º
28009 MADRID

Madrid, 18 de junio de 2010

Comité de Selección
Avda. de la Ilustración, 222
28017, MADRID

Muy señores míos:

En un anuncio hecho público en varios diarios –*ABC* (14-6-00), *EL MUNDO* (11-6-00), *EL PAÍS* (12-6-00)– se comunica la ampliación de la flota de esa Compañía aérea de Vuelos de Largo Radio y la oferta de varios puestos de **Auxiliar Tripulante de Cabina de Pasajeros (TCPS)** para AIRBUS A-310 y A-340, en los que, por mi formación, me siento capacitado para desempeñar.

Como pueden comprobar por el currículum vítae que les adjunto, reúno los requisitos exigidos por la compañía aérea que representan, y me parecen atractivas las condiciones de trabajo que ofertan.

Desearía que me citaran para una entrevista para entrar en el proceso de selección que ustedes convocan, y así poderles ampliar aspectos que en mi currículum se apuntan brevemente.

A la espera de recibir sus noticias, les saluda atentamente,

Antonio López Segura

Anexo: *currículum vítae*

Ejercicios

Capítulo I

1 **Rellena esta solicitud de carné de investigador para que se te permita consultar libros en una universidad española.**

Solicitud de carné de investigador

Número (1) ....

Apellidos y nombre: ....

Fecha y lugar de nacimiento: ....

D.N.I. / Pasaporte: ....

Dirección (calle / plaza): ....

Código postal: .... Tel.: ....

Tema de estudio y consulta: ....

....

....

....

Documentación que adjunta para acreditar su condición de estudiante:

....

Características del trabajo que va a realizar: ....

....

Tiempo aproximado durante el que necesita consultar los fondos de esta biblioteca: ....

Declaro conocer las normas vigentes y me comprometo a respetarlas y a no dañar los fondos de la misma.

Madrid, a .... de .... de 2010

Firma

(1) A rellenar por la biblioteca de la universidad.

2 **Inventa un tema para cumplimentar la instancia. Fíjate en el modelo que aparece en el capítulo.**

................................, natural de ...., y con domicilio en la calle ...., n.º ..... de ...., con D.N.I. n.º.................. , con el debido respeto

EXPONE:

Que habiendo ....

....

....

....

....

....

SOLICITA:

Que ....

....

....

....

..............., ...

Fdo.:

.... SR. DIRECTOR DE ....

3 **Redacta un currículum vítae para optar a un puesto de trabajo de orientador/a en una escuela de Enseñanza Secundaria.**

4 **Redacta una instancia para solicitar que te anulen una multa de tráfico. Debes explicar los motivos de la infracción.**

5 **Rellena con tus datos y tus preferencias este boletín impreso para inscribirte en un festival de música.**

FIMTE 2011

I Festival Internacional de Música de Tecla Española

BOLETÍN DE INSCRIPCIÓN

Apellidos: ....

Nombre: ....

Fecha de nacimiento: ....

Dirección: ....

Teléfono: ....

Estudios: ....

Marca con una cruz la opción que te interese:

☐ Simposio ☐ Feria

CURSOS:

☐ Baile ☐ Clave

☐ Oyente ☐ Activo

Total a pagar: ....

Fecha: ..../..../......

Firma

6 **Completa estas cartas. ¿De qué tipo de carta se trata en cada caso?**

a)

ASEGURADORA MEPFRA
c/ López de Hoyos, 244
28006 MADRID

José Sancho Torres
..... Canarias, 43, 1.º
28043 MADRID

Estimado/a asegurado/a:

En los .... días vence el contrato del .... de su vivienda, por lo que el recibo del próximo año será presentado en el .... (pago domiciliado) o bien estará a su disposición en .... de la Avda. de América, 23.

Le hacemos llegar el .... de domiciliación .... para facilitar el pago de su recibo.

Para cualquier .... sobre la póliza y/o el ...., le .... se ponga en contacto .... con nosotros, o personalmente en nuestras oficinas de la Avda. de América, donde .... con mucho gusto .... y ....

Agradecemos .... y le saludamos ....

Fdo.: Margarita Romero
Directora de Relaciones Públicas

b)

MOVISAR
DEPARTAMENTO COMERCIAL

Fecha: ....

Apreciado/a cliente/a:

Como .... a su fidelidad al utilizar durante dos años el .... de nuestra compañía, le .... una .... exclusiva.

Como titular de la .... MOVISAR-ACTIVA, nos complace .... un cheque-................................ por valor de 50 euros, que podrá .... por llamadas en .... de nuestros .... antes del 30 de .... de 2011.

.... saludos.

7 **Imagina que vas al cine y que te ofrecen la posibilidad de conseguir diez entradas gratuitas en un periodo determinado (un mes, por ejemplo) si contestas a una pregunta sobre el cine actual y rellenas un cupón. Inventa la pregunta que el público tendría que contestar y escribe el texto de ese cupón.**

8 **Escribe una carta de solicitud dirigida al Instituto Nacional de la Mujer para pedir unos datos que necesitas.**

2 TEXTOS EXPOSITIVOS

Mediante la exposición podemos **comunicar y transmitir una información y unos conocimientos** a un receptor.

Los textos expositivos aparecen en contextos muy diferentes, lo que implica una gran variedad de modelos. No están codificados, como los que hemos estudiado anteriormente, y admiten una extensión muy variable, dependiendo del tipo de exposición de que se trate. Según el público al que va destinado, el texto expositivo puede ser:

– **divulgativo,** sobre un tema de fácil comprensión;

– **especializado,** sobre temas científicos y de difícil comprensión debido a los elevados conocimientos de que trata y a su compleja estructuración.

A través de la exposición puedes:

- Presentar una información.
- Explicar un proceso.
- Dar a conocer ideas.
- Mostrar y definir un objeto.
- Exponer un tema.

A pesar de los muchos tipos de exposición que podemos encontrar, todos comparten estas características:

- La **objetividad,** ya que el autor casi siempre se encuentra fuera del texto, esto es, de aquello que explica.
- La **claridad** de contenidos, en estrecha relación con la organización del texto.
- La **organización** del texto. Es muy importante ordenar las ideas antes de escribir, elaborando un esquema o guión.

Veamos un texto expositivo divulgativo en donde el autor explica con claridad y objetividad el fenómeno de la migración de los animales en la llanura africana del Serengeti:

> No hay una señal de aviso, ni siquiera algo perceptible en el ambiente. Solo que un día el líder del grupo de los ñus, esos antílopes de aspecto desgarbado, a medio camino entre vaca y caballo, con un cuello y patas larguísimos y una barba puntiaguda, decide que ha llegado la hora de partir, nada más husmear el aire. Abandonando las tierras resecas donde solo el viento prospera, unos dos millones de animales caminan desde las inmediaciones del Serengeti tanzano hacia la llanura de la Reserva Nacional de Masai Mara en Kenia. En el área meridional keniata de esta llanura –en lengua masai significa «lugar extenso»– justo en el límite con Tanzania, se encuentra esta estepa, una vasta extensión donde solo se atreve a poner fronteras el cielo.
>
> Comienza la estación húmeda y al mismo tiempo un instinto atávico[2]. Así lo sienten los herbívoros migratorios, que sin saber de fronteras, pero conscientes de que si no lo hicieran no podrían sobrevivir, parten con la ignorancia de que están cruzando dos países. Cebras, gacelas y ñus intuyen que al Norte se encontrarán con el milagro: llega la lluvia y con ella el poder cíclico que convierte esta planicie en una enorme superficie de pastos recién brotados. Las hierbas rojizas y doradas contrastan con el verde naciente.

[2] Que procede de muy antiguo, una costumbre que se hereda.

La fuerza interior que guía a los herbívoros es tan intensa que atraviesan 150 kilómetros, cruzando ríos caudalosos y exponiéndose a peligros. Atraviesan este territorio sin prestar atención a la orilla opuesta, apresurados. Mientras tanto, los cocodrilos esperan pacientes en las orillas cercanas, porque saben que en esta zona pueden alimentarse, dada la prisa de los animales que emprenden la forzosa emigración.

«El largo camino de la lluvia», de *Paisajes desde el tren.*
RENFE, 2001(texto adaptado).

Los rasgos lingüísticos de los textos expositivos

I El cuidado de los párrafos

El párrafo –conjunto de oraciones que desarrollan una sola idea o una idea básica– se convierte en la unidad fundamental del texto expositivo.

El tema se distribuye en varias ideas que ocuparán los distintos párrafos del texto. Los párrafos se señalan mediante el **punto y aparte** y la **sangría** de la línea siguiente.

Al redactar una exposición, antes de escribir hay que organizar las ideas; luego, cada párrafo irá relacionándose con los restantes. Debes ordenar los párrafos según el tipo de relación que exija el tema:

- causa-efecto;
- desarrollo temporal y/o espacial;
- de oposición o contraste;
- adición de contenido;
- resumen o conclusión de lo expuesto.

Un párrafo puede introducirse mediante:

a) **Una afirmación general,** que funciona como tema y que luego se desarrollará. El párrafo comienza presentando con claridad la idea básica de la exposición. Un marco apropiado para iniciar un párrafo objetivo sería, por ejemplo:

> *Brasilia se construyó en medio de la nada, lejos de todo.* Pocas capitales del mundo han nacido así, pues lo que ha sido frecuente a lo largo de la historia es que se construyeran cerca de otros núcleos urbanos, sobre antiguas rutas comerciales o aprovechando algún pequeño asentamiento. Un objetivo tan simple como magnífico solo está al alcance de un pueblo joven, capaz de inventarse a sí mismo.
>
> De *Ronda,* revista de Iberia.

b) **Una pregunta retórica,** esto es, una pregunta que no se formula a ningún interlocutor, sino que sirve para afianzar lo que se intenta explicar. Estas preguntas retóricas suelen comunicar algo que los lectores casi siempre conocen; sin embargo, poseen una gran fuerza expresiva. Es el caso, por ejemplo, de la pregunta con la que se inicia este párrafo:

> *¿Cuál puede ser la razón del interés por un objeto que generalmente se considera un poco incómodo y pesado para llevar a la escuela en los días de tarea, a fin de controlar la grafía justa de una palabra o para encontrar alguna peregrina palabra que pueda impresionar al maestro?* Sugiero una razón que es a la vez simple y compleja: el diccionario es, como opina Borges, la clave de todos los libros por la evidente razón de que los contiene a todos. El diccionario se refiere a la historia, a la antropología, a la geografía, a las buenas y malas maneras, a la lógica, a la técnica, a la fantasía, y a cualquier otra cosa que se pueda pensar de un pueblo.
>
> Raffaele Simone, «Elogio del diccionario», en *Diario lingüístico de una niña.* Barcelona, Gedisa, 1992.

c) **El empleo de un dato textual,** que debería aparecer a lo largo del texto, pero no en sus comienzos (puesto que no sabemos aún el tema de la exposición). Por ejemplo, en el párrafo siguiente, la valoración que se hace de la construcción de Brasilia antes incluso de que se nos diga de qué trata el texto (de esa construcción, precisamente):

> *Debió de ser algo parecido a una tarea de titanes, como la creación de un nuevo mundo.* Brasilia se levantó en medio de la nada, lejos de todo. Pocas capitales del mundo han nacido así, pues lo que ha sido frecuente a lo largo de la historia es que se construyeran cerca de otros núcleos urbanos, sobre antiguas rutas comerciales...
>
> De *Ronda,* revista de Iberia.

d) **Un ejemplo,** que a veces adopta la forma de una comparación. Suele servir para clarificar la idea que se va a exponer.

Recuerda

El texto expositivo se construye con unidades relacionadas entre sí llamadas **párrafos.**

II EL EMPLEO DE MARCADORES

Los marcadores son los instrumentos que posee la lengua para indicar el tipo de relación que existe entre dos o más ideas. Por eso el texto expositivo hace uso más que cualquier otro tipo de texto de los **marcadores del discurso,** que se convierten en guías o pistas indispensables para la interpretación del texto, y, por supuesto, para la elaboración de los textos de este tipo que queremos escribir.

Además, estas expresiones que utiliza el discurso favorecen la coherencia no solo entre oraciones y párrafos, sino también dentro de la estructura del propio texto.

A continuación, vamos a ver algunos marcadores correspondientes a las relaciones expuestas en el punto anterior:

- **CAUSA / EFECTO**

por ello	*por consiguiente*
debido a	*por lo tanto / por tanto*
porque	*luego*

- **TIEMPO / ESPACIO**

después de	*junto a / detrás de*
entonces	*alrededor de*
antes	*por encima de / por debajo de*
a continuación	*sobre / al lado (de)*
finalmente	*a lo largo de*
entretanto / ahora	*a la derecha / a la izquierda*
primero	
cuando / al principio	

- **OPOSICIÓN / CONTRASTE**

pero	*de la misma forma, manera*
al contrario	*como*
sin embargo	*no obstante*
en contra de	

- **ADICIÓN**

además	*de nuevo*
incluso	*por otra parte*
también	*y*

- **RESUMEN O CONCLUSIÓN**

en otras palabras	*así*
en suma	*en conclusión*
pues bien	*para concluir*

III El léxico específico

En los textos expositivos se suelen emplear **tecnicismos** propios de la temática tratada.

IV El predominio de las oraciones subordinadas

Las oraciones subordinadas predominan en el texto y en algún caso son muy complicadas.

V El empleo de enumeraciones y de incisos explicativos

Estos elementos suelen ir entre guiones de inciso (–) o paréntesis.

Objetivos de los textos explicativos

Al escribir una exposición puedes:

a) Presentar un objeto o cualquier fenómeno con el fin de describirlo o clasificarlo. Se trata entonces de un **texto expositivo descriptivo,** en donde suele predominar la organización espacial. Si intentamos dar una información sobre una constelación, por ejemplo, hemos de estructurar el texto sobre las preguntas siguientes, que representan, al fin y al cabo, un esquema:

- ¿Qué es?, ¿cómo se llama?
- ¿Qué posición ocupa en el firmamento?

- ¿De qué tipo de materia está constituida?
- ¿Qué dimensiones posee?
- ¿Qué efecto nos produce contemplarla?

Siguiendo este esquema, el autor del siguiente texto ha estructurado la explicación en tres párrafos:

Andrómeda

El nombre de Andrómeda dice mucho a los aficionados a la astronomía, e incluso a los que no lo son. Muchos ciudadanos han oído hablar de Andrómeda, aunque tal vez no sepan por qué. La causa principal de esta especie de popularidad es, sin duda, la presencia, dentro de los límites de esta constelación, de la Gran Nebulosa de Andrómeda, como suele llamarse o, con mayor precisión, la galaxia más cercana a la nuestra. La figura de este cuerpo celeste se ha popularizado de tal modo que a todo el mundo le resulta familiar; el tercio de las portadas ilustradas de libros de astronomía escogen como motivo la imagen dorada y asombrosa de M31; de tal modo que millones de personas en el mundo, aun sin proponérselo, han contemplado la figura de M31, aunque no conozcan su nombre y su naturaleza. Pero también su nombre ha trascendido. Nebulosa de Andrómeda, o simplemente Andrómeda –para designar la nebulosa– son términos frecuentemente repetidos, incluso por los astrónomos profesionales, cuando hablan familiarmente. Esto origina la confusión entre una constelación y uno de sus objetos, por famoso que sea. Tampoco se limita Andrómeda a las tres hermosas estrellas que brillan en correcta fila y perfectamente equidistantes entre Pegaso y Perseo.

La regularidad de la alineación de Andrómeda es un efecto de perspectiva falso. Porque Alfa, que ocupa la esquina NE del cuadrado Pegaso, dista 105 años-luz; Beta, rojiza, 82, y Gamma, una de las más famosas estrellas triples del cielo, 160. Vistas desde la estrella polar, estas tres estrellas, en vez de una línea, dibujarían un triángulo rectángulo. Alfa es blancoazulada; Beta, una gigante roja y casi mil veces más voluminosa que su vecina. Y Gamma es una estrella tipo K de un perfecto color oro viejo.

Si la noche está lo suficientemente oscura (para ello es necesario que no haya luna) podemos verla a simple vista sin dificultad. El espectáculo llega a ser sensacional cuando contemplamos aquella manchita a través de unos prismáticos. Uno de los placeres más maravillosos que puede permitirse un aficionado a la astronomía consiste en tenderse en el suelo, o en una buena hamaca, una plácida noche de otoño y, provisto de unos buenos prismáticos, buscar allá arriba la Nebulosa de Andrómeda. Tan enorme es, que apenas cabe en el campo, pues mide, en su eje mayor, cerca de tres grados. El efecto óptico de aquella elipse alargada, brillante y dorada en el centro, difuminada, azul en los bordes, es asombroso. Y el anonadamiento alcanza a la fibra más profunda de la sensibilidad humana, cuando reconocemos que aquella nube luminosa es un universo, todo un universo, ligeramente más grande que el nuestro, y en el que brillan doscientos mil millones de soles. Sea lo que sea, la Gran Nebulosa de Andrómeda nos produce siempre una sugestión inenarrable. El contraste entre el potente núcleo blancoamarillento y las débiles alas azuladas responde a una realidad física bien conocida. La zona central está densamente poblada de estrellas y entre ellas predominan las gigantes rojas; las alas, por el contrario, son incomparablemente más difusas.

José Luis Comellas, *La guía del firmamento.*
Madrid, Rialp, 1999 (texto adaptado).

6) También es posible explicar hechos o acontecimientos que se desarrollan en el tiempo, y entonces predomina la forma narrativa. En esto consiste un **texto expositivo narrativo.** En él es fundamental atender al orden en que suceden los hechos, que irán precedidos de los marcadores temporales (en cursiva en el texto).

Debió de ser algo parecido a una tarea de titanes, como la creación de un nuevo mundo. Brasilia se levantó en medio de la nada, lejos de todo. Pocas capitales del mundo han nacido así, pues lo que ha sido frecuente a lo largo de la historia es que se construyeran cerca de otros núcleos urbanos, sobre antiguas rutas comerciales, o aprovechando algún pequeño asentamiento. Un objetivo tan simple como magnífico solo está al alcance de un pueblo joven, capaz de inventarse a sí mismo.

Desde el lejano 1789, cuando llegaron a tierras brasileñas las consignas románticas de las revoluciones de la época, se soñó con una capital que abriera las tierras olvidadas del interior. El proyecto debió esperar hasta la llegada al poder de Juscelino Kubitschek en 1956. Entonces se dio la noticia que asombró al mundo: en cuatro años se levantaría la nueva capital y se trasladaría el Gobierno. Se construiría cerca del nacimiento de tres ríos, en el vértice de las tres cuencas hidrográficas brasileñas, desde donde su influencia llegaría hasta el último rincón del país.

El desarrollo urbanístico de Brasilia es hijo de su tiempo. Oscar Niemeyer, el alumno más aventajado de Le Corbusier en Iberoamérica, recibió el encargo jamás soñado por arquitecto alguno: construir la ciudad, levantar ministerios, palacios, catedrales, museos. Y todo esto a 600 kilómetros de la carretera más cercana. *Lo primero* que hubo que construir fue el aeropuerto. La ciudad se construyó sobre el trazado de dos ejes principales, uno recto y otro curvo, que se cruzan. Su forma ha sido definida como un arco y una flecha, o un pájaro con las alas extendidas. Los edificios públicos se alinean a lo largo del Eje Monumental. Los barrios residenciales se extienden hacia el Norte y el Sur sobre las alas. La zona comercial se levantaría en el cruce de ambas.

Tres años después, el 21 de abril de 1960, el día de la República, se declaraba oficialmente a Brasilia como capital del país. Evidentemente la ciudad no estaba acabada, pero su desarrollo había llegado a un punto sin retorno posible.

Lo que se experimenta al llegar a Brasilia es la diferencia, la sensación de distancia con respecto a cualquier otra ciudad del Brasil. Los grandes ejes difícilmente invitan al paseo: aquí manda el coche. Entre el cielo azul y la tierra roja se extiende el sueño de una generación que creyó en lo imposible. Brasilia es de hormigón, tal vez sea de material frío, pero está aquí. Y convence.

Ahora, 40 años después de su fundación, Brasilia sigue conservando el espíritu de aquellos pioneros que fueron capaces de crear un mundo en medio de la nada.

De *Ronda,* revista de Iberia.

c) A veces, ambas formas –descriptiva y narrativa– coinciden en un mismo texto expositivo, como en el que te presentamos a continuación. El tema o centro de interés es el castillo; las preguntas que formarían el esquema previo van al comienzo de cada párrafo.

¿QUÉ ES UN CASTILLO?
Es un edificio o conjunto de edificios fortificados con una muralla y foso, construido casi siempre en lugares estratégicos para la defensa. Su auge tuvo lugar fundamentalmente en la Edad Media y en toda Europa. Durante la Edad Media los castillos alcanzaron su completo desarrollo, coincidiendo con el apogeo del feudalismo.

¿PARA QUÉ SIRVE? ¿CUÁL ES SU FUNCIÓN?
La misión principal del castillo era la defensa del territorio y de sus habitantes, pero también la de ataque, ya que servía de plataforma para combatir contra los enemigos.
Sin embargo, tanto los castillos como las murallas que lo rodeaban desempeñaban funciones más amplias que las puramente militares: el castillo servía de prisión, de centro de poder jurisdiccional donde se ejercitaba el poder sobre los vasallos, y, además, era con frecuencia un lugar para la actividad social (justas, torneos).

¿CÓMO SE EDIFICÓ?
En un principio se levantaron torres para protección en los asedios (torreones). Luego, esas torres fueron adaptándose a la forma del terreno en que se construían. Más tarde se levantaron murallas junto a las que discurrían pasillos en todo lo largo de su contorno para los defensores. Con el tiempo apareció el foso alrededor del muro exterior, a veces con agua, que se atravesaba por medio del puente levadizo. Los muros eran muy gruesos para proteger las diversas dependencias que poseía el castillo. En el centro se encontraba el patio de armas.

¿DÓNDE SE CONSTRUYERON?

España es uno de los países europeos que tiene más castillos. Su aparición se debe a la necesidad de asegurar la posesión de los territorios conquistados a los árabes, puesto que las fronteras eran inseguras y variables, es decir, había que protegerse de los posibles ataques. A medida que se avanzaba hacia Andalucía, una línea de castillos iba también paulatinamente avanzando hacia el Sur. Entre los diversos reinos, Castilla fue considerada como tierra de frontera desde sus comienzos. Esa es la razón por la que hoy destacan tanto el número como la importancia de sus castillos.

Recuerda

- Estos cuatro **PÁRRAFOS** se corresponden con ideas diferentes sobre el tema tratado: el castillo. El tercero es la narración de un proceso: el crecimiento del castillo a lo largo de la Edad Media, de ahí que los marcadores sean temporales.
- La **ESTRUCTURA** en estos casos puede ser meramente descriptiva, con el uso de conectores tales como *arriba, abajo, delante, detrás, dentro, alrededor, encima, a la derecha*. Si ofrece un paralelismo o contraste, se utilizan: *igualmente, asimismo* o *en cambio, por el contrario*.
- También se utiliza la **ENUMERACIÓN**: *por una parte..., por otra*.

El ensayo como puente hacia los textos creativos

El texto expositivo puede desembocar en un **ensayo.** Entonces, el autor expone de forma subjetiva sus ideas e introduce su punto de vista en lo que está explicando o presentando. Deja de ser objetivo para impregnarse de la subjetividad propia de los textos creativos.

El ensayo sirve para:

- Informar sobre cualquier tema.
- Ofrecer la visión personal del autor.
- Entretener, por la amenidad con que se suelen tratar los temas.

El lenguaje fluye entre la precisión científica y los recursos estéticos propios de la expresión literaria. El ensayo se consolida como un texto en libertad, que se propone transmitir conocimientos –divulgación cultural– sin abandonar la capacidad sugestiva, expresiva, que la lengua le ofrece. Sin un orden establecido, es capaz de despertar el interés en el lector de forma rápida y placentera.

Veamos cómo habla Azorín de los castillos. Es otra manera de tratar el mismo tema, ya visto en un texto expositivo, mucho más personal y sugerente. Observa la utilización de la **enumeración,** elemento esencial de este texto:

> En España existen muchos castillos. Están casi todos en ruinas; se ven repartidos por toda la nación. En el siglo XVI muchos de estos castillos estaban ya derrumbados. Dominan los castillos las llanuras desde los cerros; se hallan otros engastados en las murallas de las ciudades; alguno se encuentra frente al mar. Son recios, fuertes, vastos. Parecen fantásticos, pero tienen una existencia indubitable. En ellos han estado presos príncipes; han nacido y muerto reyes; se han perpetuado por ellos sangrientas rebeliones. Todos estos castillos nos hablan de turbulencias, revueltas, alborotos. La lealtad y la fidelidad se han albergado entre sus muros también.

La imaginación finge la vida en estos castillos; escucha todos los ruidos y ve las luces y las sombras. Escucha el ruido sonoro de los pasos, mezclado al tintineo de las espuelas, bajo las bóvedas resonantes; el relincho de los caballos; el estrépito de los soldados y los servidores; los sones agudos de los clarines y los ladridos de las jaurías. Contempla los resplandores de las antorchas que forman fantásticas sombras en los muros; el humo de las fogatas encendidas en los patios, los vivos colores de los arreos y trajes –oro, rojo, verde, plata– que resaltan sobre las murallas negruzcas.

Todo un curso de botánica puede estudiarse en las laderas de los castillos, en los fosos y en las murallas. Llenan de verdura laderas y castillo helechos, cardos, ortigas, heno, malvas, zarzales. Los claveles silvestres esmaltan las laderas; los niños los cogen cuando suben por las tardes al castillo. El clavel es la flor de España, la flor favorita de los españoles.

José Martínez Ruiz, *Azorín, Una hora de España.*
Madrid, Espasa Calpe, 1985.

Ejercicios

Capítulo II

1 **Lee con atención este texto y contesta a las preguntas que aparecen a continuación.**

El dictador

A pesar de ser sometido a varias operaciones, Borges perdió paulatinamente la visión del ojo derecho, lo que forzó (y estropeó al fin) la visión del ojo izquierdo. Los especialistas lo obligaron a dejar de leer y escribir ya en 1955. El mundo se volvió cada día más gris; los colores fueron desapareciendo uno a uno, con excepción del persistente amarillo. Para un hombre acostumbrado a usar una caligrafía minúscula, aquellas limitaciones fueron radicales. Tuvo que aprender un nuevo oficio, el de dictar. El escritor se convirtió en dictador.

Aprendió penosamente a ensayar cada verso en la cabeza. Cuando tenía el texto entero en la memoria, se lo dictaba a la madre y entonces ésta se lo leía y releía (con puntuación y todo) hasta que él quedaba satisfecho. Pronto, amigos y parientes comenzaron a ayudar a la madre en la tarea de amanuenses de este amable pero exigente dictador. Borges les enseñó a leer en los distintos idiomas que él poseía: algunos de esos amanuenses no dominaban las lenguas que leían y apenas sabían cómo pronunciarlas. Pero la paciencia infinita y la infinita minuciosidad de Borges suplían los fallos. Muchos de los textos, por otra parte, se los sabía de memoria y acompañaba su lectura (relectura para él) con una especie de doblaje entre dientes. Poco a poco, una escuela de lectores y traductores comenzó a reunirse en torno a él. Para agradecerles el don del tiempo que le hacían, Borges a veces incluía el nombre de estos queridos amigos como coautores de su obra.

Emir Rodríguez Monegal, *Ficcionario* de J. L. Borges.
México, Fondo de Cultura Económica, 1985 (texto adaptado).

a) ¿Se trata de un ensayo o de una breve exposición?

b) ¿Qué recurso semántico es fundamental –y muy expresivo– en la configuración de este texto?

c) ¿Qué organización expositiva domina?

2 **Señala qué tipo de introducción se ha empleado en los tres párrafos siguientes.**

a)

Una expedición científica descubrió hace algunos años que el casquete de hielo que cubre Groenlandia es siete veces superior al volumen de agua contenido en todos los ríos y lagos de los cinco continentes, es decir, a toda el agua dulce que existe en el mundo. En el mismo informe se aseguraba que el deshielo y la llegada al mar de esta masa de líquido provocaría una elevación media del nivel del mar, superior a 7 metros de altura.

b)

¿Es posible trasladarse a pie desde Estados Unidos hasta Rusia? Muy pocos saben todavía que en ciertas épocas del año, cuando las islas que forman el territorio de Alaska ven helarse el mar que las rodea, muchos esquimales se trasladan a pie a visitar a sus parientes que viven en territorio ruso.

c)

Como algunos medicamentos son de sabor desagradable, y a pesar de ello beneficiosos para la salud, se ha ido deslizando en la mente de muchos hombres el prejuicio de que lo desagradable es sano, de que la medicina amarga es la que es buena. Tengo la impresión de que este prejuicio se está trasladando al campo de la política. Quizás porque la política ha estado prohibida a los españoles durante cuatro decenios, ha adquirido para ellos un aire poco natural y próximo a la patología.

Julián Marías, *La justicia social y otras justicias.*
Madrid, Espasa Calpe, 1979 (texto adaptado).

3 **Busca datos y documentación acerca del videoclip y elabora un texto expositivo en el que expliques en qué consiste, qué finalidad posee, en qué contexto se desarrolla...**

4 **Lee el texto y elige en cada caso el marcador de discurso más adecuado entre los que figuran entre paréntesis.**

Hay un fenómeno frecuente en nuestro tiempo que es lo que se llama el cansancio de la vida. Hay formas muy diversas y las causas son muy diferentes. *(Finalmente / En primer lugar / De la misma forma),* a veces se emplea como sinónimo de fatiga, pero probablemente no sería legítima la identificación. Del cansancio se descansa. El cansancio admite la transición a otra forma de instalación en la realidad que es lo que podemos llamar, en forma positiva, el reposo. *(Entretanto / Por ejemplo / Ahora bien),* cuando hablamos de cansancio de la vida, hablamos de un cansancio muy peculiar, *(porque / al principio / de manera que)* de este cansancio no se puede descansar. *(Entonces / En definitiva / Al principio),* esto quiere decir que es un fenómeno de desgana, sería la pérdida del deseo de vivir; quizás su agotamiento. Pero creo que hay algo más. El hombre se encuentra cómodo cuando se mueve en cosas organizadas. *(Por el contrario / Es más / Aunque)* el pensamiento humano ha buscado la forma de medir y controlar la realidad. *(En cambio / Entretanto / Después de),* cuando tropieza con cosas que no puede medir, que poseen fluidez, el hombre pierde pie y se inquieta, porque no puede comprender. *(Igualmente / Mientras tanto / Pues bien),* resulta que no podemos entender la experiencia de la vida en su totalidad y abandonamos. El hombre es capaz de superar las dificultades y adversidades concretas; sin embargo, el cansancio de la vida procede de una situación de facilidad.

Julián Marías, *La justicia social y otras justicias.*
Madrid, Espasa Calpe, 1979 (texto adaptado).

5 **Completa el texto con los marcadores –o expresiones de transición– que te parezcan más adecuados. Recuerda que hay varias posibilidades.**

...................., a instancias del Marqués de Santillana, Alonso de Madrigal *El Tostado* emprendió en 1448 un doble trabajo: traducir .... al castellano estas crónicas; ...., e inmediatamente, redactar un comentario en latín, que pronto, ..., abandonó para escribirlo en castellano.

................., los comentarios incluían, y .... se iniciaban, con la carta de San Jerónimo. .... la remitía al Marqués de Santillana, acompañada de una dedicatoria. ...., ..., había ocurrido algo sorprendente y extraño, similar .... a la metamorfosis de la crisálida que se transforma en mariposa: las cincuenta líneas de San Jerónimo se habían convertido nada menos que en catorce capítulos. Nadie iba a escribir tanto en España sobre este tema, ... en la época medieval, ... hasta bien entrado el siglo XX.

................., ..., de la riqueza de estos comentarios, las ideas de Alonso de Madrigal sobre la traducción han permanecido ignoradas. .... nos enfrentamos, ..., a un rompecabezas expositivo que hay que recomponer con cuidado. ...., ..., del desorden aparente surge .... un cuerpo teórico de perfiles claros y precisos.

.... de lo que algún crítico reciente ha afirmado, Madrigal no defiende nunca la traducción «literal». La expresión «palabra por palabra» que tanto usó alude .... al hecho de no dejar nada sin traducir del mensaje original. Insiste, ..., en que el traductor debe perfeccionar cuanto pueda su obra, ..., la traducción.

Julio-César Santoyo, *Historia de la traducción*.
Universidad de León, 1999 (texto adaptado).

6 **Señala los conectores y marcadores que se han utilizado en este texto.**

Durante mucho tiempo, siguiendo la tradición clásica, se ha hablado largamente de la vejez y se han escrito tratados de senectud. Normalmente eran tratados idealizadores, porque se hablaba de la vejez como de una edad en muchos sentidos privilegiada; el anciano ha tenido en todas las culturas privilegios y ha sido tratado con respeto. Existe una institución de muchos pueblos antiguos y modernos que se llama *senado,* es decir, consejo de ancianos. En cambio, hoy los senadores pueden ser muy jóvenes. El anciano es el hombre que tiene experiencia de la vida, es el único que conoce la vida de verdad y completa; sin embargo, los otros la conocen de oídas, porque no la han vivido, por lo tanto conocen solo fragmentos de vida.

La importancia de la vejez desde este punto de vista ha disminuido mucho, debido sobre todo a la influencia del cine, de la televisión y de otros medios de ficción que ofrecen al hombre una experiencia vicaria de la vida en su conjunto. Pues bien, hoy se prefiere hablar de *tercera edad* antes que de la vejez, y tendríamos que preguntarnos si, pese a todo, seguimos hablando de la edad última, aquella que desemboca necesariamente en la muerte. En efecto, se llame de una forma u otra, hay que ver la vejez en la perspectiva de la muerte, sin eludirla, sin escamotearla, porque no hay quien la pueda burlar.

Ahora bien, cuando se habla de la *tercera edad* se introduce un elemento positivo y es lo que llamaríamos la sustantivación de esa edad. Efectivamente, no nos estamos refiriendo a la mera liquidación del ser humano, sino a la instalación en una edad diferente a la que vivíamos, de igual manera que un buen día nos hemos instalado en la juventud y hemos dejado de ser niños. Esta es la cuestión. El retiro o la jubilación suele romper la vida cotidiana, y por esta razón muchos hombres mueren pronto, sin causa aparente. Por consiguiente, el hombre que espera debe imaginar y anticipar esa *tercera edad.*

Julián Marías, *La justicia social y otras justicias.*
Madrid, Espasa Calpe, 1979 (texto adaptado).

Parte II
Textos creativos

Para escribir un texto creativo es preciso utilizar la imaginación y ser capaz de transformar la realidad existente. A través de estos textos el autor crea un mundo particular, que puede parecerse al exterior, pero que surge de su fantasía o de su imaginación. Inventar es crear, es contar la historia con otras palabras, es forjar unos personajes a imagen y semejanza de los que transitan a nuestro lado.

En los siguientes capítulos nos ocuparemos de la descripción de personas y de personajes de ficción, así como de la forma en que se desarrolla y se consolida su expresión lingüística, es decir, del diálogo que pone de manifiesto la relación entre los personajes en el mundo del relato.

1 TEXTOS DESCRIPTIVOS

Mediante la descripción intentamos plasmar la realidad que vemos o percibimos. No se trata de copiar exactamente, como si fuera una fotografía, los objetos que aparecen ante nuestra vista, sino de ofrecer una visión completa, pero subjetiva de esta realidad observada.

Puedes describir:

- Un objeto o máquina.
- Una emoción o sensación.
- A una persona.
- Un paisaje o ambiente.

Para elaborar una buena descripción hay que ordenar previamente las partes o elementos que componen lo que vamos a describir, así como advertir la relación de las partes dentro de su conjunto.

Uno de los tipos más utilizados, entre la gran diversidad que ofrece la descripción, es el **retrato.**

El retrato

El retrato es la **descripción de una persona.** Pero, si la definición del retrato es aparentemente sencilla, las posibilidades para su elaboración son múltiples y variadas. Retratar a una persona a través de la palabra es difícil y exige una técnica.

En primer lugar, hay que seleccionar los detalles más relevantes de la persona para que el retrato no se convierta en una enumeración demasiado minuciosa. En segundo lugar, hay que organizar todo este material en función del punto de vista elegido: personajes planos o personajes en relieve (que requieren una mayor interiorización).

Objetivos y características del retrato

El retrato es, como hemos dicho, la descripción de una persona, que puede utilizarse en contextos muy diferentes. Puede ser útil:

- Para **identificar** a una persona en la vida real.
- Para **crear** y caracterizar a personajes en el discurso narrativo.

I Identificación de personas

A veces, en nuestra vida diaria, nos vemos obligados a hacer una descripción de una persona a la que nuestro receptor nunca ha visto. Es importante entonces proporcionar los rasgos físicos más destacados para que el retratado pueda ser identificado. Este tipo de descripción debe ajustarse sobre todo a los detalles físicos: cuerpo, rostro, estatura, facciones, gestos. Pero también pueden añadirse datos de sus costumbres, de su forma de actuar, siempre orientados por la intención que queramos dar a nuestro lector (de recomendación –o información– para un determinado trabajo o actividad, por ejemplo).

Esta descripción responde a la pregunta:

¿Quién es…?

Y contestarla implica usar, entre otras, estas estructuras:

Sabía que / sabemos que...

Le gustan / le gustaba...

Si se nos pide información sobre un nuevo inquilino, por ejemplo, las respuestas posibles son:

Sabía que…
– era el que había comprado el piso 2.° derecha;
– venía de Londres y era cirujano;
– no había ejercido su profesión nunca en España.

Sabía que...
– tenía 35 años, era alto y muy delgado;
– tenía los ojos azules y una mirada triste;
– su voz era profunda, pero cautivadora.

También sabía que...
– había estado casado con una inglesa;
– le gustaba escribir libros, novelas de misterio;
– iba a las exposiciones de pintura renacentista;
– iba al cine;
– iba a la ópera.

Sin embargo, más que cualquier otra cosa le gustaba...
– caminar todos los días, con lluvia o con sol;
– recorría la ciudad en largos paseos.

O bien, como nos describe Aldecoa al inquilino de su cuento:

> ***Le gustaba…***
> llevar el cuello de la camisa sin doblar;
> tener el pelo largo y planchárselo con las palmas de la mano hacia la nuca;
> mostrar el tórax por la camisa, abierta hasta el peto del mono azul;
> que un mechón le velase parte de la frente;
> practicar el boxeo y oír el chasquido de los guantes golpeando.
>
> Ignacio Aldecoa, «Young Sánchez», en *Cuentos Completos.* Madrid, Alianza Editorial, 1973 (texto adaptado).

Del mismo modo, para llevar a cabo la búsqueda de criminales y/o fugitivos en ambientes policiales, es necesario dar la descripción de una persona cuando se carece de fotografías. Así, el retrato tiene que responder a las siguientes preguntas:

- qué **edad** aparenta;
- qué **aspecto** presenta (complexión, si tiene cicatrices…);
- qué **estatura** tiene;
- cuál es su **color** de pelo, de ojos, de piel…;
- qué otros **rasgos** lo caracterizan: dientes, voz, nariz, etcétera.

II CREACIÓN Y CARACTERIZACIÓN DE PERSONAJES

Aunque el retrato de finalidad creativa y efecto estético puede ir aislado, normalmente aparece inserto en el discurso narrativo. Hay que incluir en este punto todos aquellos retratos de personas reales, que han escrito, con marcado carácter literario, autores consagrados. Con frecuencia van incluidos en libros de semblanzas o ensayos, y ofrecen una visión subjetiva de la persona descrita.

Como ejemplo, vamos a leer el retrato que del poeta Miguel Hernández hace el escritor Octavio Paz:

> Lo conocí cantando canciones populares españolas, en 1937. Poseía una voz de bajo, un poco de animal inocente: sonaba a campo, a eco grave repetido por los valles, a piedra cayendo en un barranco. Tenía ojos oscuros de avellano, limpios, sin nada retorcido o intelectual; la boca, como las manos y el corazón, era grande y, como ellos, simple, jugosa, hecha de barro por unas manos puras y torpes; de mediana estatura, más bien robusto, era ágil, con la agilidad reposada de la sangre y los músculos, con la gravedad ágil de lo terrestre: se veía que estaba más cerca de los caballos serios y de los novillos melancólicos que de aquellos atormentados intelectuales compañeros suyos; llevaba la cabeza casi rapada y usaba pantalones de pana y alpargatas: parecía un soldado o un campesino. En aquella sala de un hotel de Valencia, llena de humo, Miguel Hernández cantaba con su voz de bajo y su cantar era como si todos los árboles cantaran. Ni chopo, ni olivo, ni encina, ni manzano, ni naranjo, sino todos ellos juntos, fundidas sus savias, sus aromas y sus hojas en ese árbol de carne y voz. Imposible recordarlo con palabras; más que en la memoria, «en el sabor del tiempo queda escrito».
>
> Octavio Paz, *Las peras del olmo*.
> Barcelona, Seix Barral, 1986 (texto adaptado).

Observa

- El predominio del **PRETÉRITO IMPERFECTO**, característico de los textos descriptivos en pasado: *poseía una voz de bajo, la boca era grande, era más bien robusto, tenía los ojos oscuros, llevaba la cabeza rapada, cantaba con su voz de bajo.*

- **La poca importancia del TIEMPO.** El autor enmarca el retrato de Miguel Hernández en un momento determinado, un hotel de Valencia en 1937, a través del pretérito indefinido y una situación concreta: *Lo conocí cantando canciones populares* (acción puntual terminada).

Lo conocí

– *poseía una voz de bajo;*

– *tenía ojos oscuros de avellano;*

– *la boca, como las manos y el corazón, era grande;*

– *de mediana estatura, más bien robusto;*

– *llevaba la cabeza casi rapada;*

– *usaba pantalones de pana y alpargatas.*

Esta frase (lo conocí) funciona aquí como punto de enfoque o de mira desde el que se organiza la descripción.

- **A partir de ahí comienza la verdadera DESCRIPCIÓN** del poeta español. La **adjetivación,** y alguna comparación, tienen especial importancia al ir enumerando sus rasgos físicos: la voz, importante pues está cantando, la boca, las manos, la estatura, su cabeza. Todo va conformando la idea de que el poeta es una persona buena y sencilla, más cerca del mundo natural que de los sofisticados ambientes en que en aquel momento se encontraba.

- **El uso de una SINTAXIS** sencilla, en donde predominan la yuxtaposición de elementos y las oraciones coordinadas. Puede incluso utilizarse la **elipsis** o supresión de algún elemento conocido.

Pues bien, estas pueden considerarse las características lingüísticas de muchos retratos.

Tipos de retrato

El relato exige la presencia de personajes, que son los que realizan las acciones. Pues bien, el retrato de estos personajes suele ser parte fundamental de estos textos. Es necesario describir con detalle cómo es cada uno de los personajes de ficción que viven en el universo narrativo, pero es necesario mantener el interés del lector para que el retrato no se convierta en una monótona enumeración de datos.

El retrato requiere, en consecuencia, toda nuestra atención y habilidad. Existen varios tipos de retrato.

I Prosopografía y etopeya

El retrato propiamente dicho es la descripción de los personajes. Esta descripción se ocupa tanto de los detalles externos de las personas (**prosopografía**) como de su mundo interior (**etopeya**). Sin duda ambos aspectos suelen ir fundidos, dando lugar al retrato completo; no obstante, existe la posibilidad de describir uno u otro aspecto aisladamente.

a) La prosopografía

El narrador necesita dar unos rasgos físicos de uno o varios personajes con rapidez. Para ello, en primer lugar, observa lo más destacado del personaje que tiene que describir.

Aunque no existe un orden prefijado e inalterable, suele ir desde arriba hacia abajo, es decir, en este orden: el rostro (la frente, los ojos, la nariz), los cabellos, el cuerpo, las manos, las piernas, la indumentaria.

Por último, retrata al personaje utilizando adjetivos calificativos o participios que definan con precisión sus rasgos más notables.

Observa cómo el autor de este texto ha utilizado la prosopografía al retratar a los alumnos de un colegio en el momento de la llegada de un alumno nuevo. Desde la mirada de Paco que, asustado, acude por vez primera al colegio, se intenta caracterizar a los futuros compañeros:

> Un niño *rubio y gordo, vestido de blanco, le estaba hablando.* Otro niño, *más chico, medio ronco* y *con blusa azul* también *le hablaba.* De diversos grupos, se separaban los alumnos y venían a ver a Paco, haciéndole preguntas sin parar. Pero Paco no podía oír nada por el griterío de los demás. Un niño *trigueño, cara redonda* y *con una chaqueta verde ceñida a la cintura, agarró a Paco* por un brazo.
>
> César Vallejo, *El tungsteno. Paco Yunque.*
> Barcelona, Plaza & Janés, 1984 (texto adaptado).

El esquema sobre el que ha construido estos retratos es muy sencillo, como puedes comprobar: dos rasgos físicos de cada niño, a través del adjetivo, un detalle de la vestimenta, basado en tres colores –blanco, azul y verde– y la ejecución de una acción, que repercute en Paco, el protagonista: dos niños le hablan, y otro lo agarra por un brazo.

- **UN NIÑO:** *rubio y gordo*
  vestido de blanco
  le hablaba
- **OTRO NIÑO:** *más chico*
  medio ronco
  con blusa azul
  le hablaba
- **OTRO NIÑO:** *trigueño*
  cara redonda
  con una chaqueta verde ceñida a la cintura
  agarró a Paco

6) La etopeya

Es la visión mental y/o espiritual de un personaje, es decir, lo que se esconde en su interior. A través de esta descripción podemos llegar a conocer sus gustos, sus ideas, sus costumbres, su carácter, su personalidad.

Observar vuelve a ser el primer paso para descubrir el interior de los personajes, para plasmar luego su psicología con mucho cuidado. Para ello es importante lograr la fusión entre el rostro y el carácter que representa, y hay que conseguir que la descripción de un rostro se corresponda con su actuación posterior en la narración, que sea coherente, que sea «creíble», en definitiva. Cada rostro desvelará un rasgo psicológico diferente: orgulloso, tranquilo, alegre, fanático e intolerante, tímido, violento, calmado y bueno, etcétera.

Mediante la expresión lingüística se crean personajes de carne y hueso, que puedan revelar su mundo interior de nobles ideales o perversas pasiones, de vida intrascendente o secretas andanzas; el rostro o los actos que ejecuta el personaje pueden revelar su mundo interior: la amargura, el idealismo, el misterio, la ingenuidad, el goce vital, el sufrimiento, el fanatismo, esto es, todos esos sentimientos que nos seducen o nos aterrorizan.

Normalmente, la etopeya es un **complemento de la prosopografía.** Ambos aspectos se van intercalando para conformar la presencia de un personaje, esto es, constituyen el retrato.

En este texto de Goytisolo el retrato del personaje (en cursiva) va encajado en el texto narrativo:

> La fotografía había sido tomada por el primo Jorge con la Leyca de último modelo que le habían regalado sus padres, y Jerónimo figuraba en ella tal cual dieciocho años después lo recordabas: *felina la mirada, negras las cejas, taimados los labios, esbelto y robusto de cuerpo bajo las ropas miserables que lo cubrían.* Había aparecido una tarde en la finca a

pedir trabajo, y aunque receloso en general con los charnegos, el viejo Joaquín lo contrató. Dijo que se llamaba Jerónimo, que tenía treinta y dos años y estaba soltero. *Era fuerte y moreno y hablaba con claro acento del sur.* Si su personalidad suscitaba la reserva, *la seriedad y el escrúpulo que ponía en las tareas* le habían granjeado enseguida todas las simpatías. *Jerónimo era parco en palabras, dormía siempre solo en los establos y los domingos, en lugar de ir al café como lo exigía la costumbre, se quedaba a hacer chapuzas en la casa o se perdía perezosamente por el bosque.* Si se asomaba alguna vez al pueblo se *limitaba a recoger su ración semanal de tabaco y regresaba inmediatamente después.*

Lo habías visto sin verlo en compañía de otros peones, *con una faja de tela negra a la cintura y tocado con un rústico sombrero de palma, descalzos los pies plantados en el suelo, con la azada al hombro.*

Juan Goytisolo, *Señas de identidad.*
Madrid, Bibliotex, 2001 (texto adaptado).

Este retrato mezcla cualidades pertenecientes al aspecto físico del personaje y a su forma de ser interior mediante una progresión: el autor ofrece detalles tanto de su físico como de su personalidad, avanzando poco a poco. Es la reconstrucción de un personaje que va surgiendo de la memoria del narrador, cuando contempla una foto. Desde el recuerdo se va construyendo el retrato de Jerónimo, trabajador andaluz en la Cataluña industrial de los años 60. Para ello el autor:

- **Utiliza la enumeración** de lo más destacado de su físico, con la fórmula *adjetivo + sustantivo,* que apunta hacia la fortaleza y la seguridad en sí mismo de este trabajador.
- **Describe sus costumbres** y su modo de vida: su seriedad en el trabajo, sus paseos por el bosque, su silencio. Este comportamiento parece dar idea de una persona inteligente, que pacientemente espera una oportunidad en la vida, es decir, que

sabe lo que quiere; son acciones que trazan la personalidad del personaje, por eso se emplean verbos en pretérito imperfecto: *dormía, regresaba inmediatamente, se perdía por el bosque,* etcétera.

- **Describe su vestimenta.** En el primer punto resume el carácter de su indumentaria: *las ropas miserables que lo cubrían;* luego, y mediante una ampliación, parece dar detalles de aquella afirmación: *el sombrero de palma, la faja en la cintura* y *sus pies descalzos.* Tal vez lo más interesante de esta última parte sea la firmeza de su paso *(descalzos los pies plantados en el suelo),* que está en relación con esa fuerza que se ha mencionado en el primer punto.

– **Aspecto externo:** *felina la mirada*
negras las cejas
taimados los labios
fuerte y moreno
esbelto y robusto de cuerpo
hablaba con claro acento del sur

– **Aspecto interior:** *la seriedad y el escrúpulo que ponía en las tareas*
era parco en palabras
dormía siempre solo
se quedaba a hacer chapuzas en la casa
se perdía perezosamente por el bosque
regresaba inmediatamente

– **Indumentaria:** *bajo las ropas miserables que lo cubrían*
con una faja de tela negra a la cintura
tocado con un rústico sombrero de palma
descalzos los pies plantados en el suelo

II La caricatura

Es un tipo de retrato basado en la deformación de algunos rasgos con intención humorística, con ironía o incluso crueldad.

La técnica de la caricatura consiste en destacar en exceso ciertos rasgos peculiares, para conseguir así una distorsión de la realidad. Se pretende acentuar la fealdad, la monstruosidad, exagerar los aspectos más deformes y desfigurados del personaje. Lo extraño, lo raro y desfigurado aparece casi como si fuera normal, como en este texto de Cela:

Mi madre, al revés que mi padre, no era gruesa; era larga y *chupada*[3] y no tenía aspecto de buena salud, sino que, por el contrario, tenía la tez *amarillenta* y las mejillas *hondas* y toda la presencia de estar tísica; era también *desabrida* y *violenta,* tenía un humor que se daba a todos los diablos y un lenguaje en la boca que Dios la haya perdonado, porque blasfemaba las peores cosas a cada momento. Vestía siempre de luto y era poco amiga del agua. El vino en cambio ya no le disgustaba tanto y siempre que tenía unas pesetas, o que le rebuscaba el chaleco al marido, me mandaba a la taberna a buscar un jarro de vino, que luego escondía debajo de la cama. Tenía un bigotillo cano por las esquinas de los labios y un cabello *enmarañado* que recogía en un moño, no muy grande, encima de la cabeza. En la cara se le notaban unas cicatrices, pequeñas como perdigonadas, que le habían quedado de unos granos que había tenido de joven.

Camilo José Cela, *La familia de Pascual Duarte.*
Barcelona, Destino, 1969 (texto adaptado).

[3] Aquí significa 'excesivamente delgada'.

Observa

Para lograr este efecto se utilizan:

- **ADJETIVOS NEGATIVOS,** esto es, que afean y alteran la realidad (en cursiva en el texto).
- **EL RECURSO DE NEGAR** lo contrario de lo que se quiere decir (entre los antiguos griegos se denomina **lítotes)** con una intención irónica: *no era gruesa* (= era flaca), *no tenía aspecto de buena salud* (= estaba enferma), *era poco amiga del agua* (= era sucia).
- **EL RECURSO DE LA EXAGERACIÓN** (denominado **hipérbole).**
- **LA COMPARACIÓN,** mediante la cual se pueden crear imágenes de gran expresividad y despertar los sentidos del lector: unas cicatrices como perdigonadas.

En algún caso la caricatura desemboca en el **esperpento,** tipo de retrato en donde se produce la total distorsión de la realidad mediante un lenguaje violento y desgarrado, y en el que domina la intención satírica. El personaje aparece entonces deshumanizado, «descoyuntado», y es frecuente la comparación o identificación con animales.

Observa la denominación despectiva *(una especie de chimpancé, un bicharraco extraño, el aspecto de un mandril),* así como la acumulación de rasgos deformantes y negativos del personaje descrito en el texto siguiente:

Allí conoció Manuel al *Bizco,* una especie de chimpancé, *cuadrado,* musculoso, con los brazos largos, las piernas *torcidas* y las manos *enormes y rojas.* La cara del *Bizco* producía el interés de un bicharraco extraño o de *un tic patológico.* La frente *estrecha,* la nariz *roma*[4], los labios *abultados,* la piel pecosa y el pelo rojo y *duro,* le daban el aspecto de un mandril[5] grande y rubio.

Pío Baroja, *La busca.*
Madrid, Biblioteca Básica Salvat, 1969 (texto adaptado).

¿De quién podemos hacer un retrato?

Podemos hacer un retrato:

- De nosotros mismos.
- De personas que existieron, pero que no conocimos.
- De seres imaginarios.

I El autorretrato

El que escribe un retrato puede incluso intentar pintarse a sí mismo. Como el pintor que se retrata y busca la imagen intimista de su propia personalidad, así el escritor pretende extraer lo esencial de la contemplación silenciosa sobre sí mismo. No es muy frecuente, sin embargo, encontrar autorretratos, pues el escritor prefiere retratar lo que tiene enfrente: observarse, contemplarse con una cierta objetividad, es difícil.

Parece lógico pensar que la primera persona sea la expresión habitual de estos textos; sin embargo, la tercera persona aparece con bastante frecuencia con la intención de distanciar el retrato de su propio discurso.

[4] La nariz roma significa 'chata', es decir, que apenas tenía nariz.

[5] El mandril es un tipo de mono, de pelaje espeso y pardo, que vive cerca de las costas occidentales de África.

Cervantes se ve así en este autorretrato que precede a las *Novelas Ejemplares:*

Este que veis aquí de rostro aguileño, de cabello castaño, frente lisa, de alegres ojos, y de nariz curva, aunque bien proporcionada, las barbas de plata, que no hace veinte años que fueron de oro, el bigote grande, la boca pequeña, el cuerpo ni grande ni pequeño, algo cargado de espaldas y no muy ligero de pies, este digo que es el rostro del autor de *Don Quijote de la Mancha;* se llama Miguel de Saavedra: fue soldado muchos años, y cinco años y medio estuvo cautivo, donde aprendió a tener paciencia en las adversidades, y perdió en la batalla naval de Lepanto la mano izquierda de un balazo.

Miguel de Cervantes, prólogo de las *Novelas Ejemplares.*
Madrid, Espasa Calpe, 1952-57 (texto adaptado).

Observa

- **No se utiliza la l.ª PERSONA,** con lo que se logra un distanciamiento por parte del autor.
- **El autor se dirige al PÚBLICO** *(veis)* como si les presentara delante una pintura, en este caso, de sí mismo.
- **Comienza con un punto de APOYO,** o de focalización, desde donde inicia la descripción: *Este que veis aquí.* Es una técnica que hemos visto en otros retratos.

El relato se divide en dos partes:

- Una enumeración de los rasgos físicos, para lo cual el autor utiliza el presente, lo que confiere al texto un aspecto estático.
- La referencia al pasado *(fue, aprendió, perdió)* y sus consecuencias en el presente: quedó manco y es paciente, sabe esperar, porque la vida le enseñó.

II EL RETRATO IMAGINADO

Es el que podemos hacer de una persona a la que no hemos conocido, pero de cuya existencia tenemos ciertos datos o detalles. Es posible «imaginar» y describir cómo fue un personaje histórico, o bien algún familiar nuestro.

Observa, por ejemplo, el siguiente retrato de una mujer, imaginado desde el presente por su nieta. Lleva por título «La dama escritora» y está escrito desde la duda, pues lo que la autora imagina puede coincidir o no con la imagen real de la abuela.

> Acaso la abuela escribía y publicaba sin cesar aquellos libros educativos y sentimentales, al parecer muy del gusto de la época, para ganar dinero y poder permitirse esos lujos.
>
> Se la imaginaba vestida de seda hasta el cuello. Llevaría tal vez un traje negro con un cuello de blonda y encaje, con una rosa blanca en el cabello recogido en trenzas que formaban un moño en la nuca, y otra rosa en la cintura. Un maquillaje de polvo de arroz o blanquete para acentuar la palidez satinada de su rostro y un toque de colorete en las mejillas para resaltar los pómulos y conseguir ese rubor con el que debería enfrentarse a las miradas de admiración.
>
> La abuela erguida majestuosamente, contemplándose probablemente en el gran espejo de su habitación, esperando que enganchasen a la berlina, dorada y azul, dos yeguas blancas normandas. Un lacayo de media gala le abriría la portezuela, y otro viajaría en el estribo para escoltar a la dama. ¿Con quién iría al teatro la abuela esa noche?, ¿con un hombre seductor o con un hombre maduro cuyos gestos halagadores, repetidos a tantas damas, ya habrían adquirido en él un aire de seguridad?
>
> Ana María Navales, «La dama escritora», en *Tres mujeres.* Madrid, Huerga y Fierro Editores, 1995 (texto adaptado).

Observa

La duda, la hipótesis está expresada por:

- **EL EMPLEO DEL CONDICIONAL:** *llevaría, abriría, iría, debería.*
- **ADVERBIOS:** *acaso, tal vez, probablemente.*
- **LA EXPRESIÓN** *se la imaginaba*, que explica el punto de vista elegido para hacer el retrato.

III EL RETRATO DE PERSONAJES SOBRENATURALES O FANTÁSTICOS

En ocasiones, el personaje de un discurso narrativo posee cualidades que las personas corrientes no poseen. Estos personajes sobrenaturales se alejan del modelo realista y del mundo natural que conocemos. Suelen ser personajes «híbridos», que pueden vivir en un ámbito normal, pero también desarrollan acciones ajenas a ese espacio, que participan a la vez del mundo real y de un mundo fantástico.

Muchos de los personajes mitológicos (hadas, duendes, etc.) que pueblan cuentos, leyendas e historias antiguas responden a este tipo de retrato. Algunos autores han creado y siguen creando este tipo de seres que oscilan entre la realidad y la fantasía, protagonistas de su universo particular y simbólico.

Veamos un ejemplo:

> A lo lejos vi una figura sentada en una piedra, a la orilla del camino. Al llegar vi que era un mendigo y me decía: «Dame de tu merienda»,
>
> Me hizo un sitio en la piedra y nos pusimos a comer. Llevaba unos pantalones oscuros hasta media pierna y un chaleco pardo, del que asomaban los hombros y los brazos desnudos. Pero su carne era como la tierra del campo. Tenía su forma y su color. En lugar del pelo, le nacía una espesa mata de musgo y tenía en la coronilla un nido de alondra con dos pollos. La madre revoloteaba en torno de su cabeza. En la cara le nacía una barba de hierba diminuta cuajada de margaritas, pequeñas como cabezas de alfiler. El dorso de sus manos también estaba florido. Sus pies eran praderas y le nacían madreselvas enanas, que trepaban por sus piernas, como fuertes árboles. Colgada del hombro llevaba una extraña flauta.
>
> R. Sánchez Ferlosio, *Industrias y andanzas de Alfanhuí.*
> Barcelona, Destino, 1961 (texto adaptado)

¿Cómo podemos hacer un retrato?

Toda la estructuración del retrato depende del punto de vista que adoptes.

a) Es posible describir al personaje bajo un tono **realista.** Se van dando entonces detalles concretos «a distancia», y la intención que domina es la de ofrecer, como si de una fotografía se tratara, la realidad observada, seleccionando los rasgos peculiares. Esta técnica es igualmente válida para la descripción de un paisaje, de un lugar, etcétera.

b) También es posible reflejar nuestra posición –o actitud– en la pintura que estamos elaborando. Interesa tanto el retrato en sí como la impresión que nos produce. Las emociones y los sentimientos brotan sobre todo si recordamos a alguna persona de nuestro pasado, aunque esta técnica **impresionista** puede aparecer también en retratos de personajes inventados. Predomina aquí la estructura nominal.

La caracterización de un personaje incluye su expresión lingüística. Sin duda, el personaje adquiere una doble vertiente, se logra profundidad en el texto narrativo.

Observa de qué forma retrata Pérez Galdós a una mujer de carácter fuerte, de «armas tomar» en términos coloquiales. Es el retrato moral (etopeya) de un personaje desde el punto de vista del narrador:

Era doña Francisca una señora excelente, ejemplar, de noble origen, devota y temerosa de Dios, como todas las hembras de aquel tiempo; caritativa y discreta, pero con el más arisco y endemoniado genio que he conocido en mi vida. Francamente, yo no considero como natural aquel iracundo temperamento, sino, antes bien, creado por los disgustos que le ocasionó la desabrida profesión de su esposo; y es preciso confesar que no se quejaba sin razón.

Benito Pérez Galdós, *Trafalgar*. Madrid, Alianza Hernando, 1981.

Continúa el retrato del mismo personaje construido ahora a través del diálogo, o más bien, del monólogo, pues el marido calla *por respeto a su esposa*. Observa la utilización de oraciones exclamativas e interrogativas retóricas, que pretenden reforzar el enfado que experimenta la mujer ante la inminente marcha del marido a la guerra:

Esto no es vivir –continuó doña Francisca, agitando los brazos–, Dios me perdone; pero aborrezco el mar, aunque dicen que es una de sus mejores obras. ¡No sé para qué sirven esos endiablados barcos de guerra! Pero vengan acá y díganme: ¿para qué es eso de estarse arrojando balas y más balas, sin más ni más, puestos sobre cuatro tablas, que si se quiebran, arrojan al mar centenares de infelices? ¿No es esto tentar a Dios? ¡Y estos hombres se vuelven locos cuando oyen un cañonazo! ¡Bonita gracia! A mí se me estremecen las carnes cuando los oigo, y si todos pensaran como yo, no habría más guerras en el mar... y todos los cañones se convertirían en campanas. Mira, Alonso –añadió deteniéndose ante su marido–, me parece que ya os han derrotado bastantes veces. ¿Queréis otra? Tú y esos otros tan locos como tú, ¿no estáis satisfechos?

Don Alonso apretó los puños y no profirió un juramento de marino por respeto a su esposa.

La culpa de tu obstinación en ir a la escuadra –añadió la dama cada vez más furiosa– la tiene Marcial, ese endiablado marinero que debió ahogarse cien veces. Si él quiere volver a embarcarse que vaya en buena hora, y Dios quiera que no vuelva a aparecer por aquí...; pero tú no irás, Alonso, tú no irás, porque estás enfermo y porque has servido bastante al Rey, quien por cierto te ha recompensado muy mal.

Benito Pérez Galdós, *Trafalgar*. Madrid, Alianza Hernando, 1981.

Observa

- **EL ADJETIVO** es el principal recurso de la descripción de personajes. Se utiliza para:
  - **contribuir** al carácter estático, deteniendo el proceso dinámico de la narración;
  - **ofrecer** un tono subjetivo, matizando el aspecto o el carácter de un personaje; los adjetivos compuestos ayudan a la descripción *(barbinegro, cejijunto);*
  - **despertar** las emociones a través de la relevancia de ciertos rasgos sensoriales, según nuestros gustos y preferencias.

- **JUNTO AL ADJETIVO** aparece con bastante frecuencia la **oración de relativo,** tanto la explicativa (entre comas), como la especificativa.

- **EL PRESENTE** o el **pretérito imperfecto** son las formas verbales más empleadas.

- **En cuanto a los procedimientos** de encuadre, suele ser frecuente en la estructuración del retrato **LA REPETICIÓN,** bien de una palabra **(anáfora),** bien de estructuras sintácticas **(paralelismo).** En algunos retratos aparece un punto de apoyo para iniciar y encuadrar la descripción. Las fórmulas más utilizadas son: *lo conocí, diré que era..., y digo, yo/lo observaba.*

- **Destaca la utilización DE RECURSOS LITERARIOS** –figuras– para conseguir matices de color, de profundidad, de forma o volumen en los retratos. No podemos olvidar que son textos creativos y debemos poner en marcha nuestra imaginación para descubrir asociaciones nuevas, para hallar aspectos peculiares de nuestra visión de la realidad. Puedes emplear sobre todo:

  – **comparaciones:** *su carne era como la tierra del campo, los ojos oscuros brillándole como aceitunas negras bañadas en aceite;*
  – **metáforas:** *sus pies eran praderas;*
  – **ironías:** *has servido bastante al Rey, quien por cierto te ha recompensado muy mal;*
  – **elipsis,** suprimiendo algún elemento que pueda entenderse fácilmente: *tenía ojos oscuros de avellano* (= oscuros como si fueran de avellano o del color del avellano);
  – **exageraciones** **(hipérboles)** para las caricaturas y esperpentos.

LA ENTREVISTA, OTRA CLASE DE RETRATO

En el intrincado y complejo ámbito del periodismo es posible hallar otro tipo de retrato: **la entrevista.** A pesar de que puede realizarse verbalmente, la entrevista aparece como texto en secciones determinadas de periódicos y revistas.

La persona entrevistada suele ser conocida del lector por destacar en cualquier faceta o actividad pública (política, cultural, del deporte). En ocasiones, la entrevista proyecta la primera «imagen» –retrato– de alguien que ha alcanzado la fama más tarde. En todo caso, el personaje del que se pretende hacer un retrato ha de despertar el interés de los lectores.

No existen normas fijas que regulen cómo debe ser una entrevista; sin embargo, la característica fundamental es que adopta la forma de pregunta-respuesta. Según el criterio del que escribe la entrevista, el texto puede desarrollarse íntegramente siguiendo este esquema, o bien intercalar incisos en donde se va conociendo al personaje entrevistado mediante el relato de sus ideas, costumbres, trabajos, hábitos, etc.

Vamos a ver un ejemplo: la entrevista a Peter Sloterdijk, escritor y filósofo alemán, que publicó el diario *El Mundo* en la sección *Escritores ante el III Milenio:*

Sloterdijk es un enorme hombre de cerca de dos metros. A pesar de dedicar dos horas a correr todas las mañanas, conserva una saludable barriga. Tiene el pelo pajizo y largo y un hermoso bigote. El paso del tiempo ha resumido sus ojos azules y despejado su frente. Resulta un hombre simpático, dicharachero y sumamente cordial. Vive a una hora de tren de Frankfurt. A juzgar por el aspecto de su despacho, en él se deben de librar grandes batallas, aunque la más cruenta es la que tiene lugar en su productiva y ecléctica cabeza. La publicación de *Crítica de la razón cínica* en 1983 lo catapultó a la fama, convirtiéndose en el libro de filosofía más vendido y debatido en Alemania.

–¿Qué pasa en Europa en la actualidad?

–Estamos viviendo una crisis ejemplar en Europa. El desarrollo de la Unión Europea va a ser una continua tendencia entre países grandes y pequeños. Europa es uno de los grandes temas del momento, de hecho, acabo de escribir un libro, *Cuando Europa despierte*, en el que trato al viejo continente desde un punto de vista histórico pero también dramático. Y es que las ideologías de los siglos XIX y XX se han agotado. Creo que ha surgido una nueva religión que denomino como neofatalista y que remite a la época del Imperio Romano. Por desgracia, hoy en día estamos asistiendo a una etapa de un renacimiento vulgar. Las catedrales de este movimiento son los estadios de fútbol y los programas baratos que emite la televisión.

–¿Qué papel desempeñan los centros comerciales?

Sloterdijk se ríe a carcajadas.

–Existe una diferencia muy importante entre los lugares públicos que se construyeron en el XVIII y en el XIX, en forma de anfiteatro, como la ópera, el teatro e incluso las aulas universitarias, y los que se construyen hoy, que tienen forma de foro romano, porque es una vuelta al circo romano. En cuanto a los centros comerciales se ajustan a este tipo de circo, sin embargo, su concepción es más democrática, porque en él solo se dan perdedores, mientras que en los estadios de fútbol se dan perdedores y vencedores.

Cuando le pregunto por el milenio que llega hace una comparación entre las tres edades del hombre y la navegación: primero se utilizaron balsas, después grandes barcos y en el tercer estadio, que el escritor denomina de la hiperpolítica, parece que navegamos en grandes plataformas flotantes, de exageradas dimensiones, y con las que es casi imposible maniobrar. Así, no se navega hacia el futuro, sino que vamos sentados en la cubierta de un barco enorme y confiamos que este no choque con ningún iceberg.

El Mundo (entrevista realizada por Paula Izquierdo).

Observa

- **A través de esta ENTREVISTA** hemos «conocido» a uno de los filósofos alemanes que más difusión está teniendo en la Europa de este principio de siglo.
- **La autora ha hecho un RETRATO** de este personaje, es decir, nos ha proporcionado tanto rasgos físicos como detalles de su particular forma de ser, empleando el recurso de las preguntas. La información que nos da no procede de su observación directa, sino de lo que el propio personaje le comunica y le expone.

El texto posee tres partes claramente definidas:

1) **La primera** es una descripción de los rasgos físicos (prosopografía): *un enorme hombre, alto, rubio, de ojos azules, de gran bigote, y saludable barriga;* así como de su forma de ser (etopeya): *un hombre simpático, dicharachero y sumamente cordial,* y sus costumbres: hace deporte *(dedica dos horas a correr todas las mañanas),* y reflexiona y piensa, lo que la autora expresa mediante una metáfora: *grandes batallas, la más cruenta es la que tiene lugar en su productiva y ecléctica cabeza.*
2) **La segunda** parte comprende las dos preguntas planteadas de forma directa y sus respectivas respuestas, a través de las que vamos comprendiendo su particular forma de pensar.
3) **En el último** apartado, sin embargo, quien realiza la entrevista ha optado por convertir la información dada al estilo indirecto, y así comienza: *Cuando le pregunto por el milenio que llega…*

Ejercicios

Capítulo I

1 **Redacta en un folio tu autorretrato.**

2 **Escribe el retrato de un/a modelo de actualidad.**

3 **Lee el texto y contesta a las preguntas que aparecen a continuación.**

Y digo.

No represento los años, treinta y nueve cumplidos. Mi complexión no recia me ha procurado una mala salud de hierro. No soy de caricatura fácil, lo que significa cierta discreción de facciones. También poseo unas medidas acordadas, lo que me permite vestir de confección; entro en unos almacenes: «Talla 50», elijo y salgo con el traje nuevo puesto.

Esto de las proporciones se reitera en cuanto al rostro: las tres distancias convenidas –frente, entrecejo a boca, mentón– iguales. Lo cual denota equilibrio entre pensamiento, sensibilidad e instinto.

Todavía sin entradas, empecé a encanecer a los treinta años. Traigo unas cejas cortas, oscuros ojos redondos, quizás un punto agresivo, levemente astigmáticos. No uso gafas. Me deja el astigmatismo en suave mancha los perfiles y dulcifica la proximidad de las cosas y la realidad de los seres. En la boca, no grande, no fina, avanza el labio superior. Me ha contrariado mucho; hubiera preferido un más firme labio inferior, signo de la voluntad despectiva.

Soy extremeño; de un pueblecito que se llama Las Casas, y que es provincia de Cáceres. Si de naturaleza extremeño, de natural me creo extremado; paso de la exaltación jubilosa al descontento con ira. No me es difícil atenuar la indignación ni ponerme a reír.

Pedro de Lorenzo, *Los cuadernos de un joven creador.*
Madrid, Gredos, 1971 (texto adaptado).

a) ¿De qué tipo de descripción se trata?

b) ¿Qué características tiene este texto?

c) Indica las principales figuras estilísticas utilizadas.

d) ¿Cuál es, en tu opinión, el rasgo que define a esta persona?

4 Describe a un hombre maduro, entre cuarenta y cincuenta años, desde estos dos puntos de vista:

a) un autorretrato;

b) una caricatura.

5 Di a qué tipo de descripción corresponden los siguientes textos. Justifica tu respuesta.

a)

Al asomar la cabeza quedó deslumbrado. Entre sus botas de goma, negras, brillantes, vio el rostro de su compañero mal afeitado, prematuramente viejo. Cerró los ojos un instante. Respiró. Luego recorrió con la mirada su propio cuerpo: el pantalón de pana amarilla con las botas hasta media pierna; el cinturón bajo el ombligo; la camisa caqui haciendo una arruga, una bolsa por encima del cinturón; el jersey azul corto, demasiado corto y fino de tanto lavado; el chaquetón abierto, grande, caído, como las alas de un pájaro muerto... Alzó la cabeza. El asfalto mojado reflejaba la luz de un sol de mediodía enfundado entre nubes.

Ignacio Aldecoa, «Vísperas del silencio», en *Cuentos Completos*. Madrid, Alianza Editorial, 1973 (texto adaptado).

b)

Marisol era una muchacha rubia con vocación de rubia explosiva. Parecía la parodia misma, recortable y didáctica, de la frivolidad. Vivía consagrada a sus propios encantos, y se pasaba las horas limándose o repintándose las uñas, esponjándose el peinado, haciendo mohínes[6] como de pez para retocarse el carmín de los labios o escardándose con las pinzas algún pelo mínimo de las cejas tras largas deliberaciones ante un espejito de aumento, y su mesa y su espacio en la oficina siempre tenían algo de camarín o tocador. Camino del baño, dos o tres veces cada mañana salía de detrás del biombo y atravesaba gloriosamente la oficina con un meneo afectado e ingenuo, que parecía avanzar por una pasarela y hasta volvía un poco la cara como si la curiosidad pública fuese insoportable para ella. Aquella muchacha era solo el simulacro de la sensualidad.

Luis Landero, *El mágico aprendiz*. Madrid. Nueva Narrativa, 1999 (texto adaptado).

[6] Hacer un *mohín* o *mohínes* es hacer gestos o muecas.

c)

El señor Ramón anda por los cincuenta o cincuenta y dos años y es un hombre fornido, bigotudo, un hombre sano, por fuera y por dentro, que lleva una vida honesta de viejo artesano, levantándose al alba, bebiendo vino y tirando pellizcos en el lomo a las criadas de servir. Cuando llegó a Madrid, a principios de siglo, traía las botas al hombro para no estropearlas.

Camilo José Cela, *La colmena*.
Madrid, Alfaguara de Bolsillo, 1971 (texto adaptado).

d)

Yo observaba el pelo castaño algo descuidado de la muchacha, sus largas uñas pintadas de rosa, su palidez extrema y los ojos oscuros brillándole como aceitunas negras bañadas en aceite. Se vestía con vaqueros que caían sobre las caderas y dejaban ver un ombligo pequeño y blanco, frágil, como un náufrago en un vientre ligeramente abombado y estremecido por la cercanía del muchacho de pantalones negros pegados a su cuerpo como una segunda piel.

Carmen Botello, «Una última caricia», en *La gata roja*.
Alicante, Aguaclara, 1992 (texto adaptado).

e)

El albino[7] bebía su copa a sorbitos. Nadie se volvió a mirarlo, nadie le hizo caso y a él se le arrugó la cara como si le hubiera venido un arrebato de rabia. Tenía el pelo, las cejas y las pestañas muy blancos, pero lo que más desconcertaba en ese hombre era la blancura de los vellos de su piel y los alfileritos blancos de su barba. Vestía un overol[8] y una casaca de hule, con capucha, que llevaba abierta, exhibiendo una mata de pelos canosos en medio del pecho.

Mario Vargas Llosa, *Lituma en los Andes*.
Barcelona, Planeta, 1997 (texto adaptado).

[7] Se dice de aquella persona que por falta de pigmentación tiene la piel y el pelo blancos.

[8] Un *overol* es un traje de faena, un «mono».

f)

La marquesa creía que su esposo era un majadero[9], condición casi universal de los maridos. Ella sí que era liberal. Muy devota, pero muy liberal, porque lo uno no quitaba lo otro. Su devoción consistía en presidir muchas cofradías, pedir limosnas con gran descaro a la puerta de las iglesias, azotando la bandeja con una moneda, regalar platos de dulces a los sacerdotes, invitarlos a comer, mandar regalos al obispo y fruta a las monjas para que hicieran mermelada. La libertad, según esta señora, se refería únicamente al sexto mandamiento. Ella no había sido ni mala ni buena, sino como todas las que no son completamente malas; pero tenía la virtud de una gran tolerancia. Opinaba que lo único bueno que la aristocracia podía hacer era divertirse.

Leopoldo Alas, *Clarín, La Regenta.*
Madrid, Alianza Editorial, 1969.

6 **Di cuáles son las principales características lingüísticas de este retrato.**

Ahí estaba. En la rumorosa oscuridad de Nueva Luz que me envolvía, lo vi: la piel entre cobriza y verdosa, recogida por los años en pliegues innumerables; los pómulos, la nariz, la frente engalanada con rayas y círculos cuya función era protegerlo de la zarpa y los colmillos de la fiera, las inclemencias de los elementos y la magia y los dardos enemigos; bajito, de piernas cortas y nudosas, un pequeño lienzo en la cintura y, sin duda, un arco y un bolsón lleno de flechas en la mano.

Ahí estaba. Andando entre los matorrales y los troncos, semiinvisible en la tupida maraña, andando, andando, después de haber hablado diez horas, hacia su próximo auditorio, para seguir hablando.

Mario Vargas Llosa, *El hablador.*
Barcelona, Seix Barral, 1987 (texto adaptado).

[9] *Majadero* significa necio o atontado.

7 **Lee los siguientes textos y contesta a las preguntas.**

a)

Fue mi profesor de retórica; era bajo, rechoncho, con gafas idénticas a las que lleva Schubert en sus retratos, avanzando por los claustros a paso corto y pausado, breviario en mano o descansada esta en los bolsillos del manto, el bonete derribado bien atrás sobre la cabeza grande, de pelo gris y fuerte. Casi siempre silencioso, o con otro profesor acompasando la voz, que tenía un tanto recia y ampulosa, las más veces solo en su celda, donde había algunos libros profanos mezclados a los religiosos, y desde la cual veía en la primavera cubrirse de hoja verde y fruto oscuro un moral que escalaba la pared del patio lóbrego adonde abría su ventana.

Un día intentó en clase leernos unos versos, trasluciendo en su voz el entusiasmo emocionado, y debió serle duro comprender las burlas, veladas primero, descubiertas y malignas después, de los alumnos –porque admiraba la poesía y su arte, con resabio académico como es natural–. Fue él quien intentó recitarme alguna vez, aunque un pudor más fuerte que mi complacencia enfriaba mi elocución; él quien me hizo escribir mis primeros versos, corrigiéndolos luego y dándome como precepto estético el que en mis temas literarios hubiera siempre un asidero plástico.

Me puso a la cabeza de la clase, distinción que ya tempranamente comencé a pagar con cierta impopularidad entre mis compañeros, y antes de los exámenes, como comprendiese mi timidez y desconfianza en mí mismo, me dijo: «Ve a la capilla y reza. Esto te dará valor».

Ya en la universidad, egoístamente, dejé de visitarlo. Una mañana de otoño dorado y hondo, en mi camino hacia la temprana clase primera, vi un pobre entierro solitario doblar la esquina, el muro de ladrillos rojos, por mí olvidado, del colegio: era el suyo. Fue el corazón quien sin aprenderlo de otros me lo dijo. Debió de morir solo. No sé si pudo sostener en algo los últimos días de su vida.

Luis Cernuda, *Ocnos*.
Madrid, Taurus, 1979 (texto adaptado).

b)

Bueno. Diré algo ahora del segundo huésped, clérigo flaco y seco, pero amable, que entraba siempre en el comedor tarareando, y a veces tocando las castañuelas con los dedos, lo que no quiere decir que fuera un sacerdote casquivano, de estos que no saben llevar con decoro el sagrado hábito que visten. La jovialidad de don Pedro Hillo, natural de Toro, era enteramente superficial, y a poco que se le tratara, se le veían las tristezas y la amargura que le andaba por dentro del alma, como una procesión interminable. Era hombre que, si no derramaba el bien a manos llenas, era porque no se lo permitía su mediano pasar, cercano a la pobreza; incapaz de ofender a nadie ni de palabra ni de obra; comedido en su trato; puntual en sus obligaciones; religioso de verdad, sin aspavientos. No tenía más falta, si falta es, que gustar locamente de las corridas de toros. Su principal ciencia era el entender del arte del toreo y mostrar profundo conocimiento de sus reglas, de su historia, y poder dar sobre tales materias opiniones que los devotos del cuerno oían como la palabra divina. No alardeaba nunca de su conocimiento, ni usaba nunca los groseros terminachos que suelen ser lenguaje propio de esta singular afición.

Benito Pérez Galdós, *Episodios Nacionales*.
Madrid, Aguilar, 1941.

1. ¿Qué semejanzas y diferencias observas entre ambos?
2. ¿Qué técnica predomina en uno y otro texto?

8 **Escribe el retrato de un profesor o una profesora que haya tenido especial importancia para ti.**

2 TEXTOS NARRATIVOS

Narrar es contar lo que ha sucedido, relatar una acción que se produce en un tiempo más o menos prolongado.

Narrar es una actividad connatural al hombre: el hombre cuenta lo que le ha pasado a él, lo que ha sucedido en su entorno, lo que le ha ocurrido a la persona que estaba cerca. Todos nos convertimos en narradores, a veces sin darnos cuenta. Pero si es fácil contar historias oralmente, llevar esos relatos al papel, a la hoja en blanco, es un quehacer arduo. Escribir una narración o un relato, por muy breve que sea, requiere un cuidado especial, esto es, utilizar ciertas técnicas narrativas que debemos conocer.

Al escribir una narración se deben distinguir con claridad la figura del narrador –el que cuenta la historia– y las de los personajes que actúan y son los verdaderos sujetos de la acción relatada.

Descubrir estas figuras narrativas equivale a responder a las preguntas:

- ¿Quién cuenta la historia?
- ¿Quién es el/los protagonista/s?
- ¿Cuáles y cuántos son los personajes secundarios?

I EL NARRADOR

Es el que cuenta o narra la historia, y puede o no coincidir con el verdadero autor del relato. A veces el escritor es el que narra los hechos; pero puede crear la figura de un narrador que toma la palabra en su nombre y cuenta lo que ha sucedido a unos personajes. La aparición de un narrador diferente del autor enriquece el relato, porque duplica la forma de ver o contemplar la historia.

II LOS PERSONAJES

Entre los personajes que interactúan en el proceso narrativo existe un grado de participación en los hechos muy diferente. De mayor a menor participación, los personajes pueden ser:

- El **protagonista** –o protagonistas–, que es el personaje principal del relato.
- Los personajes **secundarios,** que están subordinados a la actuación del protagonista.
- Los personajes **de fondo** o de relleno que apenas tienen participación en los hechos, pero que cumplen la misión de dar verosimilitud a la narración; se podría decir que forman parte sencillamente del entorno.

Corresponde al narrador asignar a cada personaje su papel –o rol– dentro del mundo narrativo que él mismo crea, además de describirlos.

El que escribe un relato ha de atender con mucho cuidado a:

- La **pintura** o **retrato** de estos personajes, sujetos de la acción inventada, del conflicto creado a veces desde las primeras líneas de un relato.
- La **transformación** que han de reflejar en el transcurso de la acción, puesto que están en constante interacción o intercambio de comunicación.

- La **expresión lingüística** de estos personajes, esto es, el diálogo; el narrador puede hablar o contar una conversación entre personajes, como podemos ver en este estupendo fragmento de Torrente Ballester (los términos referidos a la conversación aparecen en cursiva):

> Germaine sentó al prior a su derecha y al padre Eugenio a la izquierda; mientras duró la cena *habló* con él preferentemente. Don Gonzalo Sarmiento se sentó al lado del prior, tosió mucho e *interrumpió varias veces la conversación para recordar* hechos de veinte años atrás y a personas que nadie conocía. Carlos, entre don Gonzalo y el padre Eugenio, *apenas dijo nada.* Escuchaba: unas veces mirando al plato y otras a la puerta por donde entraba y salía la criada. Observó que Germaine comía con gran delicadeza; que las manos de don Gonzalo, hinchadas de la arterioesclerosis, se movían torpemente; que el padre Eugenio procuraba esconder las suyas, y que las del prior eran largas y duras, largas y escuetas, y que las movía con energía y seguridad. *La charla* de Germaine *era voluble; la del padre Eugenio, precavida.* Don Gonzalo se equivocaba y *nunca terminaba las frases,* y el prior sólo *intervenía con palabras suavemente burlonas.* Germaine vestía de negro, un traje escotado, y se había puesto las esmeraldas. Estaba muy bonita y había elogiado la elegancia de la mesa, la calidad del servicio y hasta se había dignado reconocer la nacionalidad francesa del cristal y la vajilla.
>
> Gonzalo Torrente Ballester, *La Pascua triste,* de la trilogía *Los gozos y las sombras.* Madrid, Alianza Editorial, 1971.

También puede dejar que sean los propios personajes los que den cuenta de su expresión lingüística y entonces utilizará el diálogo.

El diálogo

Es el procedimiento utilizado en el texto narrativo para reflejar la comunicación (ficticia) entre los personajes. El diálogo es parte esencial del relato, si bien no es exclusivo de este tipo de textos. El texto dramático es quizá su marco más adecuado.

El diálogo consiste en un intercambio de actos de habla cara a cara entre personajes y es parte fundamental dentro de la pluralidad que representa el texto narrativo. El autor desaparece entonces tras el discurso de los personajes y el lector del relato se convierte en testigo «presencial» de ese discurso.

El diálogo sirve para:

- **Revelar** de una forma directa **el pensamiento,** los sentimientos y la actitud vital, el comportamiento, los deseos y las frustraciones de los personajes.
- **Estimular la creatividad** del autor, que va progresivamente diseñando un modelo de persona, a la vez que dibuja sus personajes.
- **Lograr un conocimiento** mucho más rápido, dinámico y fácil del carácter de los personajes.
- **Situar al personaje** en un ambiente preciso mediante la expresión o registro lingüístico utilizado.
- **Mostrar enfrentamientos personales,** acciones antagónicas o contrarias.

¿Qué rasgos lingüísticos caracterizan a un diálogo?

El diálogo pretende reflejar la comunicación oral, por lo tanto posee muchas de sus características.

Así, el diálogo tiene que:

- Ser ágil.
- Usar la elipsis (supresión de palabras).
- Ser dinámico.

- Evitar los párrafos muy extensos.
- Emplear deícticos: demostrativos, pronombres personales, adverbios *(aquí, allí, ahora, mañana, ayer).*
- Usar con frecuencia oraciones interrogativas y exclamativas.
- Adecuar la expresión y el registro lingüísticos a los caracteres que se pretende crear; emplear así, en su caso, una lengua coloquial, directa, de frases hechas, de refranes.

¿Cómo podemos construir un diálogo?

Un diálogo se puede construir en estilo directo o indirecto.

a) Cuando el diálogo se construye de **forma directa,** los personajes se expresan directamente, sin la mediación del narrador, que desaparece para dejar que los personajes hablen en libertad; su misión entonces es reproducir las palabras emitidas. Dentro de esta forma existen dos modalidades fundamentales:

1) Aparece únicamente la expresión lingüística de los personajes, por lo que poseen una mayor autonomía, como puedes comprobar en el siguiente texto de Miguel de Unamuno. El medio para señalar este tipo de diálogo es el guión (–).

–¿Sabes que me ha escrito?, le dijo a su hermana.
–Sí, vi la carta.
–¿Cómo?, ¿que la viste?, ¿es que me espías?
–No, yo no espío nunca, ya lo sabes, y has dicho eso solo por decirlo...
–Tienes razón, Tula, perdóname.
–Sí, una vez más, porque tú eres así. Yo no espío, pero tampoco oculto nunca nada. Vi la carta.

–Ya lo sé, ya lo sé...

–He visto la carta y la esperaba.

–Y bien, ¿qué te parece Ramiro?

–No lo conozco.

–Pero no hace falta conocer a un hombre para decir lo que le parece a una de él.

–A mí, sí.

–Pero lo que se ve, lo que está a la vista...

–Ni de eso puedo juzgar sin conocerlo.

–¿Es que no tienes ojos en la cara?

–Acaso no los tenga... ya sabes que soy corta de vista.

–¡Pretextos! Pues mira, chica, es un guapo mozo.

–Así parece.

–Y simpático.

–Con que lo sea para ti, basta.

–¿Pero es que crees que le he dicho ya que sí?

–Sé que se lo dirás y basta.

–No importa, hay que hacerle esperar y hasta rabiar un poco...

–¿Para qué?

–Hay que hacerse valer.

–Así no te haces valer, Rosa, y ese coqueteo es cosa fea.

–Pero si se hubiera dirigido a ti, ¿qué le habrías contestado?

–Yo no he dicho que me parece un guapo mozo y que es simpático, y por eso me hubiera puesto a estudiarle...

–Y entretanto se iba a otra...

–Es lo más probable.

–Y bien, ¿qué le digo?

–¡Dile que sí!

–Pero pensará que soy demasiado fácil...

–¡Entonces dile que no!

–Pero es que...

–Sí, que te parece un guapo mozo y simpático. Dile, pues, que sí y no andes con más coqueterías, que eso es feo. Dile que sí. Después de todo, no es fácil que se te presente mejor partido. Ramiro está muy bien, es hijo único.

–¡Bromitas, no!

–Ya sabes que no bromeo. Nos parezca bien o mal, nuestra carrera es el matrimonio o el convento; tú no tienes vocación de monja; Dios te hizo para el mundo y el hogar, vamos, para madre de familia... No vas a quedarte para vestir santos. Dile que sí.

Miguel de Unamuno, *La tía Tula.*
Madrid, Biblioteca El Mundo, 2001 (texto adaptado).

2) El narrador coincide con uno de los interlocutores del diálogo. Entonces reproduce literalmente las palabras emitidas en esta conversación, es decir, el diálogo mantenido entre personajes. En este caso, para señalar el diálogo gráficamente se emplean los dos puntos (:) y las comillas («») encuadrando las palabras que pronuncia el personaje.

Veamos un ejemplo:

UNA MUJER QUE HABLA SOLA

Hace unos días, mientras acompañaba a Silvia a la escuela en el coche, vi por el espejo retrovisor a mis espaldas una mujer, que también conducía un coche y que hablaba sola. Más que hablar, discutía dando señales de asentimiento o de contrariedad con la cabeza, moviendo las manos, y probablemente elevando el tono de voz. Se lo hice notar a mi hija, que se volvió para mirarla y se quedó muy impresionada. «¿Qué hace esa mujer?», *me preguntó.* «Habla sola, quién sabe por qué...». *Traté de explicárselo:* «Es una enfermedad, eso no es normal». «Y, ¿cómo se llama esa enfermedad?». *Inventé una palabra:* «Se llama glosomanía». Silvia me escuchó, se quedó un momento callada y luego *me dijo:* «¡Qué enfermedad ni qué niño muerto! Es como cuando se juega. Yo también hablo sola». Y así me redujo al silencio.

Raffaele Simone, *Diario lingüístico de una niña.*
Barcelona, Gedisa, 1992.

Observa

Ambos textos reflejan el discurso emitido por los personajes, palabra por palabra, de forma directa:

–He visto la carta y la esperaba.

–Y bien, ¿qué te parece Ramiro?

«¿Qué hace esa mujer?», me preguntó.

- **EN EL PRIMER CASO,** no hay verbos introductorios; en cambio, en el segundo sí (en cursiva en el texto).
- **EN EL SEGUNDO TEXTO** hay un narrador *(vi por el espejo retrovisor a mis espaldas a una mujer)*, que es al mismo tiempo interlocutor: *Traté de explicárselo: «Es una enfermedad, eso no es normal».*

En ambos textos se emplean frases y expresiones coloquiales para aproximar el diálogo a la conversación oral:

¿Es que no tienes ojos en la cara?, ¡Bromitas, no!, ¡Qué enfermedad ni qué niño muerto!

- **EL PRIMER TEXTO** utiliza el guión (–) para señalar gráficamente la variación de personajes;
- **EL SEGUNDO TEXTO,** en cambio, utiliza los dos puntos (:) y las comillas («»).

Últimamente, y en un intento de plasmar de diferente modo el diálogo en forma directa, hay autores que suprimen estos signos gráficos. El discurso de los personajes que hablan se va integrando entonces en la narración después de una coma (,) y utilizando las mayúsculas.

Veamos un ejemplo:

> La mujer de las chabolas[12], aquella que necesitaba platos y tazas nuevas, preguntó al marido, Qué ha pasado, no encontraste la furgoneta de la alfarería, y el marido respondió, Sí, la obligué a parar, pero después dejé que se marchara, Por qué, Si tú hubieras visto la cara del hombre que iba dentro, apuesto a que habrías hecho lo que yo hice.
>
> José Saramago, *La caverna*. Madrid, Alfaguara, 2000.

Puedes comprobar que:

- Aparecen los verbos introductorios *(preguntó, respondió).*
- La única señal que existe de la narración al diálogo es el empleo de las mayúsculas.
- Es más difícil comprender el sentido del párrafo.
- No se utiliza tampoco el signo de interrogación para indicar la pregunta: *Qué ha pasado, no encontraste la furgoneta de la alfarería.*

6) El diálogo construido de **forma indirecta** implica la presencia y control del narrador. Este traspasa la expresión lingüística de su interlocutor y la transforma en un nuevo discurso, que experimenta cambios de naturaleza gramatical.

> El mendigo *me contó* que le germinaban las carnes de tanto andar por los caminos, de tanto caerle el sol y la lluvia y de no tener nunca casa. *Me dijo* que en el invierno le nacían musgos por todo el cuerpo y otras plantas de mucho abrigo, pero que cuando venía la primavera se le secaban aquel musgo y aquellas plantas y se le caían para que nacieran la hierba y las margaritas. Luego *me explicó* cómo era la flauta. *Dijo* que era al revés de las demás y que había que tocarla en medio de un gran

[12] Las chabolas son viviendas pequeñas y muy mal construidas que se hallan en las zonas periféricas de las grandes ciudades.

estruendo, en lugar de ser, como en las otras, el silencio, fondo y el sonido, tonada, en esta el ruido hacía de fondo y el silencio daba la melodía. La tocaba en medio de las grandes tormentas, entre truenos y aguaceros, y salían de ellas notas de silencio, finas y ligeras, como hilos de niebla. Y *me dijo* que así nunca tenía miedo de nada.

R. Sánchez Ferlosio, *Industrias y andanzas de Alfanhuí.* Barcelona, Destino, 1961 (texto adaptado).

Fíjate en que en este ejemplo el interlocutor del narrador-protagonista, Alfanhuí, no tiene acceso directo a la conversación. Las palabras del mendigo, el personaje secundario en este caso, son convertidas en discurso del narrador mediante el uso de verbos introductorios *(me explicó, me dijo, me contó),* de los que depende una oración subordinada sustantiva introducida por la conjunción *que* o bien por el adverbio interrogativo *cómo.*

- *Me explicó cómo era la flauta.*
- *Me dijo que en el invierno le nacían musgos por todo el cuerpo.*
- *Y me dijo que así nunca tenía miedo de nada.*

En ocasiones el autor intenta reflejar el pensamiento de sus personajes sin que en realidad hablen. El paréntesis, y a veces las comillas, constituyen entonces el recurso que oculta estos pensamientos no dichos, pero que al parecer el lector debe conocer. Por ejemplo:

–¿Esta es la mermelada de fresas?

–Sí, la ha hecho la tía Adela.

–Pues a vosotras os sale muy rica, a mí me queda más espesa y empalagosa. ¿Es la misma receta?

–Claro. Es la misma. *(Ya ves tú, quieres compararte con la tía Adela, tú que no sabes cocinar...)*

Ejercicios

Capítulo II

1 **Redacta un breve diálogo en donde combines el estilo directo y el indirecto.**

2 **Lee con atención el siguiente texto y contesta a las preguntas que aparecen a continuación.**

Una noche, cuando ya era una anciana de pelo blanco, se encontraba cosiendo en su cuarto cuando oyó ruidos extraños en la casa. Se levantó para ver de qué se trataba, y todavía sin salir tropezó con un hombre que le puso un cuchillo en el cuello.

–Silencio o te despacho de un solo corte, la amenazó.

–No es aquí, hijo. Las damas de la noche están al otro lado de la calle, donde suena la música.

–No te burles, esto es un asalto.

–¿Cómo dices? –sonrió incrédula Clarisa–, ¿y qué me vas a robar a mí?

–Siéntate en esa silla, voy a amarrarte.

–De ninguna manera, hijo, puedo ser tu madre, no me faltes el respeto.

–¡Siéntate!

–No grites porque vas a despertar a mi marido que está delicado de salud. Y guarda el cuchillo que puedes herir a alguien –dijo Clarisa.

–Oiga, señora, yo vine a robar –murmuró el asaltante desconcertado.

–No, esto no es un robo. No te voy a dejar que cometas un pecado. Te voy a dar dinero, no me lo quitas, te lo estoy dando, ¿está claro? No tengo más. Somos una familia bastante pobre, como ves. Acompáñame a la cocina, voy a poner la tetera.

El hombre se guardó el cuchillo y la siguió con los billetes en la mano. Clarisa sirvió el té para ambos y lo invitó a sentarse.

El ladrón le contó que la había observado durante días y pensó que vivía sola y que en aquel caserón encontraría algo. Le dijo que era su primer asalto y que tenía cuatro hijos, que estaba sin trabajo y no podía volver otra vez a casa con las manos vacías. Ella le explicó que el riesgo de robar era muy grande y que podían llevarlo preso, pero que además podía condenarse para la eternidad. Le prometió que si se arrepentía no le diría nada a las autoridades. Él se lo aseguró. Se despidieron con un beso en las mejillas.

Isabel Allende, «Clarisa», en *Cuentos de Eva Luna*. Barcelona, Plaza & Janés, 1993 (texto adaptado).

a) Separa el diálogo de la narración propiamente dicha.

b) Señala dónde aparece el diálogo en forma directa.

c) Cambia ambos estilos y compara el resultado obtenido con lo que escribió Isabel Allende.

3 **Realiza el mismo ejercicio con el siguiente texto.**

Doña Leonor mandó a la sirvienta a comprar vino. Cuando subió con el vino, la señora estaba en la cocina, despeinada y en albornoz. Recibió a la sirvienta con ironía.

–No sabía yo, Anuncia, que tenías que andar tanto para encontrar un sitio donde quisieran despacharte vino.

Anuncia se puso colorada y frunció el ceño. No contestaba. La voz de doña Leonor fue subiendo de tono, como una tormenta que se acercara con gran aparato de truenos y relámpagos.

–Como no pensáis más que en los hombres... ¡Idiotas!

Se metía en la vida privada de la sirvienta.

–Tú, ¡que te has creído que ese sinvergüenza del tendero se va a casar contigo! Vas lista, alma cándida; ya puedes prepararte. Si algo ocurre... piensa en la inclusa[13]; que lo que hace cada una con su pan se lo coma.

La sirvienta intentaba borrar con el delantal las lágrimas de los ojos. Anuncia pensaba que iba a marcharse de esta casa, que no soportaba más esta situación y que otra vendría y se iban a acordar de ella. Doña Leonor cambió entonces el tono de la conversación y le dijo que fuera a buscar a su hija.

Ignacio Aldecoa, «El mercado», en *Cuentos Completos*. Madrid, Alianza Editorial, 1973 (texto adaptado).

4 **Pon los signos de puntuación que se han suprimido en este texto, incluidos los que señalan el diálogo.**

[13] La *inclusa* era el centro en donde acogían a los niños abandonados o de padres desconocidos.

Un martes por la tarde fui al banco para hablar con el nuevo director era un hombre afable de mirada intensa y algo irónica con el pelo canoso y bien peinado que daba golpecitos en la mesa mientras me escuchaba contra lo que temía la entrevista fue casi como una conversación entre viejos amigos y me permitió que le preguntara cuanto deseara no sentí violencia alguna me informó que el puesto que yo ocuparía era el peor de todos porque debía quedarme hasta bien tarde para cerrar las cuentas del día y preparar las del siguiente le presenté algunas cartas y certificados que acreditaban mi trabajo en el extranjero pero apenas les echó una ojeada rápida no hace falta dijo conozco bien las amistades de don Ramón firmé unos papeles me enseñó el horario y me preguntó te conviene yo le dije que sí y le di las gracias cuando Rosa me preguntó cuánto te pagan no creo que sea gran cosa cómo no te lo ha dicho ese señor creo que se me ha olvidado a mí preguntarlo pero hombre tú no estás bien de la cabeza.

5 **Intenta reconstruir el orden original de este diálogo, que refleja una conversación entre varias amigas. Para ello tienes que atender a la información que se va transmitiendo.**

–También es raro, ¿verdad?, que nunca nos hayamos conocido, con tantas veces como vengo a vuestra casa.

–No y que hay demasiadas niñas, y muchas de fuera. Pero sobre todo las nuevas, que vienen pegando, no te dejan un chico.

–Sí, mujer, encantada. Pero tengo que llamar a mi madre. ¿Vas a ir al casino esta noche?

Isabel se sonreía sin quitarle ojo. Detallaba las cejas espesas, los grandes ojos castaños.

–No, no me pongas café. Ya he tomado.

–Bueno, pero estate quieta con esas tijeras, ¿qué estás haciendo? Lo pones todo perdido de papelitos.

–Creo yo que daremos una vuelta. ¿Tú que dices, Julia?

–A mí me da igual. Total, está siempre tan...

–Ah, mira, las tijeritas pequeñas –dijo Julia–. Las estuve buscando ayer. Luego me arreglas un poco las uñas, ¿eh, Isabel?

–¿Esta? –señaló a Mercedes con la cafetera en la mano–. No me extraña; si nosotros la conocemos de milagro. Esta es más salvaje...

–Sí, es verdad, no sé qué pasa este año en el casino. Y cuidado que la orquesta es buena, pero no sé.

–La mezcla –saltó Mercedes–. La mezcla que hay.

Isabel, al decir esto, volvió a mirar a Natalia y le sonrió.

–Sí, vosotras, vosotras; las de quince años son las peores.

Ella desvió la vista.

Carmen Martín Gaite, *Entre visillos*.
Barcelona, Destino, 1986 (texto adaptado).

6 **Indica en el siguiente fragmento narrativo las formas de diálogo que se utilizan.**

Por la tarde bajó a la romería. Seguía triste y deprimido, cuando se encontró con sus amigos. En el prado olía a churros y a chocolate recién hecho. En el centro estaba la cucaña[14]. Se detuvieron y contemplaron los intentos fallidos de dos muchachos. Daniel miró a Roque.

–Voy a subir yo –dijo.

Roque le respondió:

–No eres hombre.

Lo empujó su desesperación. Saltó sobre el palo y ascendió, sin esfuerzo, los primeros metros. Daniel tenía como un fuego muy vivo en la cabeza. «Adelante, nadie será capaz de hacer lo que tú hagas». Y seguía ascendiendo, aunque los muslos le escocían ya. «Subo porque no me importa caerme», se repetía, y a la mitad miró hacia abajo y vio que toda la gente estaba pendiente de él. Experimentó vértigo y se agarró afanosamente al palo. Este empezó a oscilar como un árbol mecido por el viento.

Miguel Delibes, *El camino*.
Barcelona, Destino, 1993 (texto adaptado).

[14] La *cucaña* es un palo alto y untado en grasa al que se puede subir con mucha dificultad y bien agarrado, para tomar cualquier objeto que se ha puesto previamente colgado del extremo superior. Es uno de los mayores atractivos de algunas fiestas populares.

7 **Te ofrecemos a continuación un cuento, no muy extenso, de Clarín. Léelo atentamente y contesta a las preguntas que aparecen a continuación.**

[I]

El gran hotel El Águila tiende su enorme sombra sobre las aguas dormidas de la dársena. Es un inmenso caserón cuadrado, sin gracia, de cinco pisos, hospicio de viajeros, docenas y docenas de huéspedes que no se conocen, que se miran sin verse, que siempre son otros.

«Se está más solo aquí que en la calle, tan solo como en el desierto», piensa un hombre envuelto en un gran abrigo de verano, que fuma un cigarrillo apoyándose con ambos codos en el frío hierro de un balcón, en el tercer piso. En la oscuridad de la noche nublada, el fuego del tabaco brilla en aquella altura como un gusano de luz. A veces aquella chispa triste se mueve, se amortigua, desaparece, vuelve a brillar.

«Algún viajero que fuma», piensa otro bulto, dos balcones más a la derecha, en el mismo piso. Y un pecho débil, de mujer, respira como suspirando, con un vago consuelo por el indeciso placer de aquella inesperada compañía en la soledad y la tristeza (...) **[X]**

«Hay un balcón por medio; luego es en el cuarto 36. A la puerta, en el pasillo, cuando tuve que levantarme a llamar a la camarera, que no oía el timbre, estaban unas botas de hombre elegante».

Las panzudas barcas sujetas al muelle, al pie del hotel, parecen ahora sombras en la sombra. Las barcas se mueven poco más que el minutero de un gran reloj; pero de tarde en tarde chocan con tenue, triste y monótono rumor.

El pueblo, de comerciantes y bañistas, duerme; la casa duerme. De pronto, como si fuera un formidable estallido, le hace temblar una tos seca, repetida tres veces como canto de codorniz madrugadora, que suena a la derecha, dos balcones más allá. Mira el del 36. «Tos de enfermo, tos de mujer». Y el del 36 se estremece, se acuerda de sí mismo; había olvidado que estaba haciendo una gran locura. ¡Aquel cigarro! Estaba prohibido el cigarro, estaba prohibido el balcón a tal hora, a pesar de que corría agosto y no corría ni un soplo de brisa. ¡Adentro!

Y el 36, sin pensar más en el 32, desapareció, cerró el balcón.

«Sola del todo», pensó la mujer, que, aún tosiendo, seguía allí. Después de algunos minutos, perdida la esperanza de que el 36 volviera al balcón, la mujer que tosía se retiró también.

[2]

Pasaron una, dos horas. De tarde en tarde hacia dentro, en las escaleras, en los pasillos, resonaban los pasos de algún huésped trasnochador. Dos o tres relojes de la ciudad cantaron la hora; solemnes campanadas precedidas de la tropa ligera de los cuartos, menos lúgubres y significativos. Pasó media hora más. También lo dijeron los relojes. «Enterado, enterado», pensó el 36, ya entre sábanas. En efecto, en el 36 empezó a resonar, como bajo la bóveda de una cripta, una tos rápida, enérgica, que llevaba en sí misma el quejido ronco de la protesta. El 36, un hombre de treinta años, familiarizado con la desesperación, solo en el mundo, sin más compañía que los recuerdos del hogar paterno y una sentencia de muerte pegada al pecho, como una etiqueta de viaje a una maleta en el ferrocarril. Iba por el mundo, de pueblo en pueblo, como un bulto perdido, buscando aire sano para un pecho enfermo; de hotel en hotel, peregrino del sepulcro. Su vida era tristísima y nadie le tenía lástima. (...) [X] La tos del 36 protestaba, a veces rugía. La del 32 casi parecía un estribillo de una oración; era una queja tímida, discreta, una tos que no quería despertar a nadie. El 36 todavía no había aprendido a toser, como la mayor parte de los hombres sufren y mueren sin aprender a sufrir y a morir. El 32 tosía con arte; con el arte del dolor antiguo, sufrido, sabio, en que suele refugiarse la mujer. Llegó a notar el 36 que la tos del 32 le acompañaba como hermana que vela; parecía toser para acompañarlo.

[3]

Poco a poco, entre dormido y despierto, con un sueño teñido de fiebre, el 36 fue transformando la tos del 32 en voz, música, y le parecía entender lo que decía, como se entiende vagamente lo que la música dice.

La mujer del 32 tenía veinticinco años, era extranjera; había venido a España como institutriz. La enfermedad le había hecho salir de la casa de la nobleza en que trabajaba. Le habían dado bastante dinero para poder andar sola por el mundo; pero la habían alejado de sus discípulas. Naturalmente. Se temía el contagio. Pensó volver a su patria. ¿Para qué?, no la esperaba nadie, además el clima de España era más benigno, menos frío.

La tos del 36 le dio lástima, le inspiró simpatía. Conoció pronto que era trágica también. «Estamos cantando un dúo», pensó. Se quedó dormida y con algo de fiebre; transportó también la tos del 36 al país de los ensueños. Su propia voz se le antojó menos dolorosa apoyándose en aquella varonil que la protegía contra las tinieblas, la soledad y el silencio. La idea de la pareja, del amor y del dúo, surgió antes en el número 32 que en el 36. La fiebre sugería en la institutriz cierto misticismo erótico: ¡erótico!, no es esta la palabra.

Eros, el amor sano, pagano, ¿qué tiene aquí que ver? Pero era en fin amor, amor de matrimonio antiguo, pacífico, compañía en el dolor, en la soledad del mundo. De modo que lo que le quería decir la voz del 32 al 36 no estaba muy lejos de ser lo mismo que el 36, delirando, venía como a adivinar.

(...) [X] ¡Si nos conociéramos! Yo podría ser tu amparo, tu consuelo. ¡Qué solo estás! ¡Qué sola estoy! Somos dos piedras que caen al abismo, que chocan una vez al bajar y nada se dicen, ni se ven ni se compadecen. ¿Por qué ha de ser así? ¿Por qué no hemos de levantarnos ahora, unir nuestro dolor, llorar juntos? Tal vez de la unión de los llantos naciera una sonrisa. Mi alma lo pide; la tuya también.

Y la enferma del 32 oía en la tos del 36 algo muy semejante a lo que el 36 deseaba y pensaba.

«Sí, allá voy; a mí me toca, es natural. Soy un enfermo, pero soy un caballero. Ayúdame, ampárame, consuélame... Tu mano sobre mi pecho, tu voz en mi oído, tu mirada en mis ojos...».

[4]

Amaneció. El número 36 despertó, olvidado del sueño del dúo de la tos. El 32 acaso no lo había olvidado, pero ¿qué iba a hacer? Era sentimental, pero no era loca ni necia. Ni por un momento pensó en buscar la realidad que correspondía a la ilusión de la noche, al vago consuelo de la compañía de la tos nocturna. Ella se había ofrecido de buena fe y hubiera consagrado el resto, miserable resto de su vida, a cuidar aquella tos de hombre... ¿Quién sería?, ¿cómo sería?

(...) [X] En efecto, el enfermo del 36 había huido de aquel hotel. A los pocos días dejaba también el pueblo. No paró hasta Panticosa, donde tuvo su última posada. No se sabe que hubiera vuelto a acordarse de la tos del dúo.

La mujer vivió más, dos o tres años. Murió en un hospital entre hermanas de la Caridad, que algo la consolaron. La buena sicología nos hace conjeturar que alguna noche, en sus tristes insomnios, echó de menos el dúo de la tos.

Leopoldo Alas, *Clarín, El dúo de la tos y otros relatos.*
Madrid, Compañía Europea de Comunicación e Información,
1991 (texto adaptado).

a) **Busca la correspondencia de los cuatro fragmentos, que hemos entresacado (el lugar está marcado con una X) con las cuatro partes en que se ha dividido el cuento.**

1) «¿Eres joven? Yo también. ¿Estás solo en el mundo? Yo también. ¿Te horroriza la muerte en la soledad? A mí también».

2) «Si me sintiera muy mal de repente, ese que fuma ahí me oiría», sigue pensando la mujer, que aprieta contra sí un chal de invierno, tupido, perfumado.

3) Volvió la noche. La del 32 no oyó toser. Por varias razones se convenció de que en el 36 ya no dormía nadie. Estaba vacío como el 34.

4) Y tosía, tosía, en el silencio lúgubre[15] de la fonda dormida. De pronto creyó oír como un eco lejano de su tos... Un eco... en tono menor. Era la del 32. Su tos era... ¿cómo se diría?, más poética, más dulce, más resignada.

b) **¿Se puede hablar de diálogo en la configuración de este cuento?**

c) **¿Existe un retrato de los personajes?**

8

Escribe un diálogo en forma directa para cada una de estas tres situaciones:

a) El encuentro de dos antiguos compañeros de colegio.

b) Una dependienta que quiere vender un producto a un cliente no muy convencido.

c) Una mujer de edad que habla con su nieto.

[15] Sombrío, tétrico y desagradable.

Soluciones
a los ejercicios

EJERCICIOS PARTE I

Capítulo I: Textos útiles en la vida diaria

1 **Posible respuesta**

Solicitud de carné de investigador

Número (1) ....

Apellidos y nombre: **García Hernández, Estefanía**
Fecha y lugar de nacimiento: **23 de enero de 1982, Montehermoso (Cáceres)**

D.N.I. / Pasaporte: **42.564.677**

Dirección (calle / plaza): **La Rosaleda, n.º 15, 2.º derecha, Cáceres**

Código postal: **23500** Tel.: **956 13 12 80**

Tema de estudio y consulta: **Historia medieval, referida principalmente a la región de Malpartida de Plasencia. Documentos históricos que informen sobre la construcción y la posterior desaparición de un conjunto de castillos levantados por el reino de Castilla a comienzos del siglo** XIV.

Documentación que adjunta para acreditar su condición de estudiante: **Carné de estudiante de tercer ciclo de la Universidad Autónoma de Madrid**

Características del trabajo que va a realizar: **Trabajo de investigación válido para la memoria de licenciatura**

Tiempo aproximado durante el que necesita consultar los fondos de esta biblioteca: **Tres meses**

Declaro conocer las normas vigentes y me comprometo a respetarlas y a no dañar los fondos de la misma.

Madrid, a **28** de **diciembre** de 2011

Firma

(1) A rellenar por la biblioteca de la universidad.

2 Respuesta libre.

3 **Posible respuesta**

Currículum vítae

Datos personales

Tomás Hernández Arranz, nacido el 3 de marzo de 1978 en Laredo (Cantabria), soltero, con domicilio en la Plaza Canaletas, 60, 9.º C, en Barcelona, y con N.I.F. n.º 14.547.500-X.

Formación académica

- Título de licenciado en Ciencias de la Educación por la Universidad Autónoma de Barcelona, expedido en Barcelona el 29 de septiembre de 2001.
- Curso de especialización en Enseñanza para Discapacitados (90 horas) realizado en la Universidad de Valencia.
- Formación Inicial de Enseñanza Secundaria en el área de Ciencias Sociales, Geografía e Historia (470 horas) realizada en la Universidad de Valencia, en el curso 2002-2003.
- Programa de Formación del Profesor-Tutor en tareas de orientación escolar por la UNED (120 horas), curso 2004-2005.
- En posesión del *First Certificate* por la Universidad de Cambridge.
- Conocimiento de alemán, nivel medio.

Historial profesional

- Profesor en una escuela de verano de las programadas por la Generalitat de Cataluña.
- Profesor de Ciencias Sociales e Historia en los cursos de la Comunidad Europea para emigrantes programados por NORTE JOVEN (de octubre a diciembre de 2007).

4 **Posible respuesta**

Teresa Malpensado de Ideas, D.N.I. 28034272, con domicilio en Madrid, Avda. de los Pensadores, n.º 27, 3.º E, 28042 Madrid

EXPONE:

Que el viernes pasado dejó estacionado su coche durante cinco minutos en la parada de taxis que se halla enfrente del hotel Miramar en la ciudad de Badajoz (como consta en la multa n.º 23.526 que el agente B-276 le dejó en el parabrisas), que tuvo que dejar el coche estacionado en ese lugar para poder recoger a su anciano padre que salía del hotel, debido a que el aparcamiento del hotel estaba lleno.

Que intentó hablar con el agente, pero este se negó a retirar la notificación de infracción, por lo que

SOLICITA:

Que le sea anulada dicha multa por obedecer la infracción descrita a causas de fuerza mayor.

Badajoz, 29 de febrero de 2011

Fdo.: Teresa Malpensado de Ideas

EXCMO. AYUNTAMIENTO DE BADAJOZ

5 Respuesta libre.

6 a) **Posible respuesta**

ASEGURADORA MEPFRA
C/ López de Hoyos, 244
28006 MADRID

José Sancho Torres
C/ Canarias, 43, 1.º
28043 MADRID

Estimado/a asegurado/a:

En los **próximos** días vence el contrato del **seguro** de su vivienda, por lo que el recibo del próximo año será presentado en el **banco** (pago domiciliado) o bien estará a su disposición en **nuestras oficinas** de la Avda. de América, 23.

Le hacemos llegar el **impreso** de domiciliación **bancaria** para facilitar el pago de su recibo.

Para cualquier **aclaración** sobre la póliza y/o el **recibo,** le **rogamos** se ponga en contacto **telefónico** con nosotros, o personalmente en nuestras oficinas de la Avda. de América, donde **atenderemos** con mucho gusto **sus dudas** y **sugerencias.**

Agradecemos **su confianza** y le saludamos **atentamente.**

Fdo.: Margarita Romero

Directora de Relaciones Públicas

Se trata de una **carta comercial** escrita para transmitir una información importante: el vencimiento de un seguro de vivienda. Se transmite la urgencia de pagar un recibo en un plazo determinado. Destaca la cortesía y el deseo de la compañía aseguradora de dar facilidades al usuario para pagar el próximo recibo.

b) **Posible respuesta**

MOVISAR
DEPARTAMENTO COMERCIAL

Fecha: **2 de febrero de 2011**

Apreciado/a cliente/a:

Como **agradecimiento** a su fidelidad por utilizar durante dos años el **teléfono móvil** de nuestra compañía, le **ofrecemos** una **promoción** exclusiva.

Como titular de la **tarjeta** MOVISAR-ACTIVA, nos complace **adjuntarle** un cheque-**regalo** por valor de 50 euros, que podrá **canjear** por llamadas en **cualquiera** de nuestros **establecimientos** antes del 30 de **julio** de 2011.

Cordiales saludos.

Es también una **carta comercial,** pero menos personalizada que la anterior. Es un texto en donde se comunica al cliente fiel que ha obtenido un regalo.

7 **Posible respuesta**

Responde correctamente a la pregunta que a continuación te formulamos y conseguirás 10 de las 300 entradas que sorteamos este mes para ver las mejores películas de la temporada.

Señala con una X la película que ha conseguido mayor número de estatuillas en la última edición de los óscar:

☐ *Tigre y dragón*

☐ *Chocolat*

☐ *Gladiator*

☐ *Antes que anochezca*

DATOS PERSONALES

Nombre: .... Apellidos: ....

Edad: .... Teléfono: ....

Dirección: ....

Recorta y rellena este cupón. Depositálo en el buzón de «cartelera de cine» que está a la entrada.

8 **Posible respuesta**

Estimada Sra. Directora:

Actualmente llevo a cabo una investigación sobre el trabajo de la mujer en nuestro país. Concretamente, estoy reuniendo datos sobre la participación de la mujer en el área de la investigación científica e imagino que en el Instituto de la Mujer habrá información que me resultará útil.

Le ruego que tenga a bien facilitarme toda la información al respecto archivada en el Instituto: qué porcentajes existen, qué difusión de esta área de trabajo se realiza en centros educativos, etcétera.

Le agradecería que me enviara la documentación o bien que me indicara si existe la posibilidad de consultarla en el propio Instituto.

En espera de sus gratas noticias, le agradezco de antemano la ayuda que pueda prestarme.

Sin otro particular, reciba un cordial saludo.

Maite Herrera

Capítulo 2: Textos expositivos

1

a) Se trata más bien de un ensayo (un fragmento), puesto que predomina una visión personal de un hecho lamentable: la ceguera de uno de los mejores escritores del siglo XX, Jorge Luis Borges. Pese a que se observa un cierto control de lo emocional, en todo el texto aparece la intención afectiva que impulsó a escribirlo y que se refleja en expresiones como «aprendió penosamente».

b) La polisemia del término *dictador,* que provoca asociaciones, evocaciones y sugerencias en el lector. Esta palabra se carga de significado, pues no solo apunta hacia el sujeto «que dicta», sino también al que ordena con autoridad lo que se debe o no hacer («este amable pero exigente dictador»).

c) El orden elegido es el expositivo-narrativo, puesto que se va relatando el proceso de la ceguera paso a paso. Adverbios como *paulatinamente, pronto,* y las acciones verbales colocadas en estricto orden temporal ayudan a crear esta organización cronológica.

2

a) Una afirmación general.

b) Una pregunta retórica.

c) Un ejemplo.

3

Posible respuesta

El videoclip

Pequeño cortometraje realizado en vídeo, que presenta una canción o un tema musical ilustrado con imágenes, a veces de carácter narrativo. Es, por lo tanto, un mensaje constituido por muchos elementos: música, escenografía, vestuario, movimientos, gestos.

Es un fenómeno postmoderno que surge en los últimos tiempos a medio camino entre un producto musical y un producto económico. Está enmarcado dentro del campo de la música rock, espacio aglutinador de diversas manifestaciones. El videoclip se caracteriza por ser un nuevo tipo de narración en donde la sucesión natural causa-efecto ha sido sustituida por una superposición de imágenes sin otra conexión que la búsqueda de la sorpresa y el impacto en el espectador. Se define por su carácter fragmentario, su arbitrariedad en el montaje, por la ruptura de la sintaxis discursiva, todo ello potenciado por las nuevas y arriesgadas tecnologías. El videoclip está ligado desde sus comienzos a la industria del rock, principal entretenimiento y negocio mundial durante los ochenta.

La función del videoclip, por una parte, no es transmitir algo o convencernos de algo, sino sencillamente fascinar, sorprender. Por otra parte, el videoclip anula el significado de su discurso para motivar una acción pragmática concreta: la compra de un producto. Además, incluye el objeto que se promociona como parte de la estructura discursiva, lo que tiene como consecuencia que no solo ofrece la referencia a un producto –un CD concreto, un LP o un maxi– que está a la venta y el videoclip promociona, sino que proporciona a la vez imágenes para evocar durante el consumo del objeto comprado, dirigiendo así lo que hay que consumir y cómo hay que consumirlo.

En definitiva, el videoclip se convierte en un discurso publicitario fuerte, más efectivo incluso que el spot publicitario.

La influencia del videoclip es tal que ha llegado también a la forma de estructurar películas. Gran parte de los éxitos de taquilla de las últimas décadas –*Star Wars, Parque Jurásico, Hombres de negro,* por ejemplo– son videoclips de larga duración cuyo protagonista principal es ese «actor» tecnológico y descorporeizado al que llamamos *efectos especiales.*

El videoclip, por tanto, no sólo representa una propuesta musical y visual concreta; también ofrece una cierta tipología de espectador, y, en consecuencia, una forma específica de producción y recepción de la realidad.

Jenaro Talens, «Los motivos del rock», en *El sujeto vacío.*
Madrid, Cátedra, 2000 (texto adaptado).

4

El texto, según lo escribió su autor, es así:

Hay un fenómeno frecuente en nuestro tiempo que es lo que se llama el cansancio de la vida. Hay formas muy diversas y las causas son muy diferentes. **En primer lugar,** a veces se emplea como sinónimo de fatiga, pero probablemente no sería legítima la identificación. Del cansancio se descansa. El cansancio admite la transición a otra forma de instalación en la realidad que es lo que podemos llamar, en forma positiva, el reposo. **Ahora bien,** cuando hablamos de cansancio de la vida, hablamos de un cansancio muy peculiar, **porque** de este cansancio no se puede descansar. **Entonces,** esto quiere decir que es un fenómeno de desgana, sería la pérdida del deseo de vivir; quizás su agotamiento. Pero creo que hay algo más. El hombre se encuentra cómodo cuando se mueve en cosas organizadas. **Es más,** el pensamiento humano ha buscado la forma de medir y controlar la realidad. **En cambio,** cuando tropieza con cosas que no puede medir, que poseen fluidez, el hombre pierde pie y se inquieta, porque no puede comprender. **Pues bien,** resulta que no podemos entender la experiencia de la vida en su totalidad y abandonamos. El hombre es capaz de superar las dificultades y adversidades concretas; sin embargo, el cansancio de la vida procede de una situación de facilidad.

5 **El texto original es el siguiente:**

Pues bien, a instancias del Marqués de Santillana, Alonso de Madrigal *El Tostado* emprendió en 1448 un doble trabajo: traducir **primero** al castellano estas crónicas; **en segundo lugar,** e inmediatamente, redactar un comentario en latín, que pronto, **sin embargo,** abandonó para escribirlo en castellano. **Naturalmente,** los comentarios incluían, y **en efecto** se iniciaban, con la carta de San Jerónimo. **Al año siguiente** la remitía al Marqués de Santillana, acompañada de una dedicatoria. **Pero, para entonces,** había ocurrido algo sorprendente y extraño, similar **en cierto modo** a la metamorfosis de la crisálida que se transforma en mariposa: las cincuenta líneas de San Jerónimo se habían convertido nada menos que en catorce capítulos. Nadie iba a escribir tanto en España sobre este tema, **no solo** en la época medieval, **sino** hasta bien entrado el siglo XX.

A pesar, no obstante, de la riqueza de estos comentarios, las ideas de Alonso de Madrigal sobre la traducción han permanecido ignoradas. **En principio** nos enfrentamos, **pues,** a un rompecabezas expositivo que hay que recomponer con cuidado. **Poco a poco, sin embargo,** del desorden aparente surge **finalmente** un cuerpo teórico de perfiles claros y precisos.

En contra de lo que algún crítico reciente ha afirmado, Madrigal no defiende nunca la traducción «literal». La expresión «palabra por palabra» que tanto usó alude **más bien** al hecho de no dejar nada sin traducir del mensaje original. Insiste, **en cambio,** en que el traductor debe perfeccionar cuanto pueda su obra, **es decir,** la traducción.

6 **Se reproduce el texto original.**

Durante mucho tiempo, siguiendo la tradición clásica, se ha hablado largamente de la vejez y se han escrito tratados de senectud. Normalmente eran tratados idealizadores, **porque** se hablaba de la vejez como de una edad en muchos sentidos privilegiada; el anciano ha tenido en todas las culturas privilegios y ha sido tratado con respeto. Existe una institución de muchos pueblos antiguos y modernos que se llama *senado,* **es decir,** consejo de ancianos. **En cambio,** hoy los senadores pueden ser muy jóvenes. El anciano es el hombre que tiene experiencia de la vida, es el único que conoce la vida de verdad y completa; **sin embargo,** los otros la conocen de oídas, porque no la han vivido, **por lo tanto** conocen solo fragmentos de vida.

La importancia de la vejez desde este punto de vista ha disminuido mucho, debido sobre todo a la influencia del cine, de la televisión y de otros medios de ficción que ofrecen al hombre una experiencia vicaria de la vida en su conjunto. **Pues bien,** hoy se prefiere hablar de *tercera edad* antes que de la vejez, y tendríamos que preguntarnos si, pese a todo, seguimos hablando de la edad última, aquella que desemboca necesariamente en la muerte. **En efecto,** se llame de una forma u otra, hay que ver la vejez en la perspectiva de la muerte, sin eludirla, sin escamotearla, **ya que** no hay quien la pueda burlar.

Ahora bien, cuando se habla de la *tercera edad* se introduce un elemento positivo y es lo que llamaríamos la sustantivación de esa edad. **Efectivamente,** no nos estamos refiriendo a la mera liquidación del ser humano, sino a la instalación en una edad diferente a la que vivíamos, **de igual manera que** un buen día nos hemos instalado en la juventud y hemos dejado de ser niños. Esta es la cuestión. El retiro o la jubilación suele romper la vida cotidiana, y **por esta razón** muchos hombres mueren pronto, sin causa aparente. **Por consiguiente,** el hombre que espera debe imaginar y anticipar esa *tercera edad.*

Julián Marías, *La justicia social y otras justicias.*
Madrid, Espasa Calpe, 1979 (texto adaptado).

Ejercicios Parte II

Capítulo 1: Textos descriptivos

1 Respuesta libre.

2 **Posible respuesta**

Marta tiene el pelo corto y los ojos muy negros. Delgada, muy delgada, como todas las chicas de hoy, lleva vaqueros muy ceñidos, que acentúan aún más su delgadez. Vive de aquí para allá entre pruebas, maquillajes y rodajes. Marta asegura que le gusta la comida rápida, es decir, que come fatal. Desde los dieciocho años lleva actuando y posando delante de las cámaras. Sus manos, blancas y muy largas, aparecen en movimiento en muchos de los anuncios que se ven en televisión. De andar pausado, de mirada inquieta y sonrisa vital, Marta asombra por su versatilidad.

3

a) Es un autorretrato.

b) Las principales características son:

- Empleo de la primera persona.
- Uso del presente de indicativo.
- Empleo de adjetivos: *oscuros ojos redondos, la boca no pequeña, no fina, las cejas cortas.*
- Sigue un orden determinado: primero, su persona en general; luego, en concreto, los rasgos del rostro; por último, lugar de nacimiento y, en relación con este, una nota de su forma de ser.
- Utiliza un punto de mira o de enfoque: *Y digo.*

c) Las figuras utilizadas son:

- La *lítotes* o negación de lo contrario de lo que se pretende afirmar: *No soy de caricatura fácil* = soy de caricatura difícil.
- Un juego de palabras: *extremeño / extremado.*
- La ironía: *una mala salud de hierro.*

d) Podría ser la aceptación de sí mismo, salvo la contrariedad de ese defecto en el labio.

4 Como posibles respuestas hemos elegido dos modelos clásicos: uno del escritor Diego de Torres Villarroel, del siglo XVIII; el otro de Miguel de Cervantes (siglo XVII). Compara los ejemplos que tú has escrito con estos dos fragmentos. Fíjate en la utilización de los recursos expresivos en ambos modelos: las metáforas *(algo tartamudo de movimiento,* es decir, cojeaba); la exageración *(descubría un bosque; tanto era el vello que tenía en el pecho),* etcétera.

a) Un autorretrato:

Yo tengo el cabello (a pesar de mis 46 años) todavía rubio; alguna cana suele salir a acusarme de viejo, pero yo procuro arrancarlas. Los ojos son azules, pequeños; las cejas y la barba, bien pobladas, son más pajizas que el bermejo de la cabeza. La nariz más bien grande afea mi rostro, los dientes perfectos, bien cultivados, estrechamente unidos. Soy un hombrón alto, blanco, rubio, con más aspecto de alemán que de castellano o extremeño. Para los bien hablados soy bien parecido; para otros que soy demasiado alto y algo tartamudo de movimiento. Desde lejos parezco melancólico de fisonomía, aturdido de facciones; pero cuando hablo, soy generalmente risueño, humilde, afectuoso con los superiores, agradable con los inferiores, y un poco libre y desvergonzado con los iguales. Yo he probado todos los vicios y todas las virtudes, y en un mismo día me siento con inclinación a llorar y a reír, a dar y a retener, a divertirme y a padecer, y siempre ignoro la causa de estas contradicciones.

Diego de Torres Villarroel, *Vida.*
Madrid, Taurus, 1985 (texto adaptado).

b) Una caricatura:

[...] en esto bajó el señor Monipodio, tan esperado como bien visto de toda aquella virtuosa compañía. Parecía de edad de cuarenta y cinco a cuarenta y seis años, alto de cuerpo, moreno de rostro, cejijunto y barbinegro; los ojos, hundidos. Venía en camisa, y por la abertura de delante descubría un bosque; tanto era el vello que tenía en el pecho. Traía cubierta una capa de lana casi hasta los pies, en los cuales traía unos zapatos enchancletados; el sombrero era de los del hampa[10], campanudo de copa y tendido de falda; le atravesaba un tahalí[11] por espalda y pecho, a donde colgaba una espada ancha y corta; las manos eran cortas, pelosas, y los dedos, gordos y las uñas, remachadas; las piernas no se le parecían; pero los pies eran descomunales, de anchos y juanetudos. En efecto, él representaba el más rústico y disforme bárbaro del mundo.

Miguel de Cervantes, *Rinconete y Cortadillo.*
Madrid, Boreal, 1999.

5

a) Es una **prosopografía,** porque se describe la vestimenta que lleva el personaje. Está escrita en 1.ª persona, por lo que puede considerarse parte de un **autorretrato.**

b) Es el **retrato** (prosopografía) de una joven presumida y coqueta.

c) Es un **retrato** en donde se combina el aspecto físico de un hombre (prosopografía) con la descripción de su carácter responsable y trabajador (etopeya), que no le impide, sin embargo, disfrutar de la vida.

d) Es una **prosopografía,** ya que se describe el aspecto externo de una joven.

e) Es un **retrato** (prosopografía y etopeya). Destaca sobre todo ese rasgo particular en la piel y el cabello, pero también se alude a un sentimiento: la rabia.

f) Se trata de una **etopeya:** se dan las cualidades del carácter del personaje a través de su comportamiento.

6

El texto está estructurado en dos partes: la primera describe los rasgos más significativos de la persona; la segunda se ocupa de su actividad. Las características lingüísticas principales son:

– Paralelismo en el comienzo de ambas partes: *ahí estaba.*

[10] El *hampa* era el conjunto de maleantes que se asociaban en las distintas ciudades para robar. Usaban un lenguaje particular, solo comprendido por los del grupo.

[11] Palabra de origen árabe. Es una tira de cuero que desde el hombro cruza el pecho y la espalda para colgar la espada.

– Empleo de un punto de enfoque: *lo vi.*

– Abundancia de adjetivos: *bajito, pequeño lienzo, piernas cortas y nudosas, piel cobriza y verdosa, frente engalanada.*

– Elipsis de los verbos después del marco *lo vi.* Se trata de una enumeración detallada de lo más singular de este personaje, visto como si una cámara hubiera recorrido su persona.

– Empleo del gerundio en la segunda parte del texto, que apunta hacia un movimiento prolongado y continuo: *andando, andando; seguir hablando.*

7

1. Ambos textos coinciden:

– en que describen a un cura o clérigo;

– en que son un **retrato,** porque reflejan el aspecto físico del personaje, así como su carácter y modo de ser.

Sin embargo, el tratamiento del personaje retratado es diferente porque:

– En el primer texto al autor le interesa no solo describir al cura que fue su maestro, sino poner de manifiesto su propio punto de vista; en el segundo texto, en cambio, el autor refleja sin más la imagen de este clérigo jovial, que no manifiesta su amargura, y que compagina el ministerio religioso con «el arte del toreo».

– El retrato del texto a) está realizado desde el recuerdo; es, por tanto, una evocación del pasado donde se percibe un cierto remordimiento. En cambio, el personaje de Galdós «parece» estar presente en el momento en que se hace su retrato.

2. La técnica utilizada en uno y otro caso es diferente: el texto a) revela una técnica impresionista, matizada por el sentimiento del recuerdo; el texto b) ofrece el retrato desde una perspectiva realista, de observación casi directa de la realidad.

8

Respuesta libre.

Capítulo II: Textos narrativos

1 Te proponemos, como posible respuesta, este diálogo de Eugenio D'Ors:

Llega la señorita Agustini y me pregunta qué libro he devuelto; yo no se lo quiero decir y hablamos largo rato. Pasa entonces el profesor y nos pregunta qué recordamos de la *Historia Natural.* Yo le contesto:

–Recuerdo que dice que la caza es el más noble ejercicio a que puede dedicarse un hombre.

–Esto –interrumpe la señorita– ya lo dijo ayer, y además es una tontería.

–El libro lo dice.

–El libro dice muchas otras cosas y no son tonterías.

El profesor vuelve a preguntarme. Yo contesto que sólo he leído dos capítulos y que esto resulta muy poco.

–¡Caramba, qué pesada es usted!

Eugenio D´Ors, *El sueño es vida.*
Barcelona, Tusquets, 1982 (texto adaptado).

2 a) **La parte narrativa aparece en negrita.**

Una noche, cuando ya era una anciana de pelo blanco, se encontraba cosiendo en su cuarto cuando oyó ruidos extraños en la casa. Se levantó para ver de qué se trataba, y todavía sin salir tropezó con un hombre que le puso un cuchillo en el cuello.

–Silencio o te despacho de un solo corte, la amenazó.

–No es aquí, hijo. Las damas de la noche están al otro lado de la calle, donde suena la música.

–No te burles, esto es un asalto.

–¿Cómo dices? –sonrió incrédula Clarisa–, ¿y qué me vas a robar a mí?

–Siéntate en esa silla, voy a amarrarte.

–De ninguna manera, hijo, puedo ser tu madre, no me faltes el respeto.

–¡Siéntate!

–No grites porque vas a despertar a mi marido que está delicado de salud. Y guarda el cuchillo que puedes herir a alguien –dijo Clarisa.

–Oiga, señora, yo vine a robar –murmuró el asaltante desconcertado.

–No, esto no es un robo. No te voy a dejar que cometas un pecado. Te voy a dar dinero, no me lo quitas, te lo estoy dando, ¿está claro? No tengo más. Somos una familia bastante pobre, como ves. Acompáñame a la cocina, voy a poner la tetera.

El hombre se guardó el cuchillo y la siguió con los billetes en la mano. Clarisa sirvió el té para ambos y lo invitó a sentarse.

El ladrón le contó que la había observado durante días y pensó que vivía sola y que en aquel caserón encontraría algo. Le dijo que era su primer asalto y que tenía cuatro hijos, que estaba sin trabajo y no podía volver otra vez a casa con las manos vacías. Ella le explicó que el riesgo de robar era muy grande y que podían llevarlo preso, pero que además podía condenarse para la eternidad. Le prometió que si se arrepentía no le diría nada a las autoridades. Él se lo aseguró. Se despidieron con un beso en las mejillas.

b) El diálogo directo está comprendido entre ambos fragmentos narrativos. Reproduce las palabras dichas por Clarisa y el ladrón; se emplean guiones para indicarnos el turno en que cada uno habla.

c) Un posible texto sería de esta forma:

El hombre amenazaba a Clarisa y la mandó sentar. Esta pensó que se había equivocado de lugar y le dijo que fuera a la casa de enfrente. Volvió a obligar a la anciana a sentarse para amarrarla, pero ante la sorpresa del ladrón, Clarisa no quiso sentarse ni dejó que le robara, y le dio por propia iniciativa el dinero que tenía. Le explicó que eran muy pobres y que lo que hacía estaba mal, porque era pecado. Entonces le obligó a dejar el cuchillo para no herir a nadie y le invitó a acompañarla a la cocina para hacer y tomar un té.

–Estuve observándola durante días. Esta vieja vive sola, pensé, y ese caserón tendrá mucho que robar. Es mi primer asalto, señora.

–Lo que hace está muy mal, tiene mucho riesgo y pueden meterlo preso.

–¿Sabe? Tengo cuatro hijos y no puedo llegar a casa con las manos vacías.

–Y lo peor es que puede condenarse por esto para toda la eternidad. Si me promete no volver a robar, no lo acusaré a las autoridades, de verdad.

–De acuerdo, señora. No volveré a robar.

3

a) **La parte narrativa aparece en negrita.**

Doña Leonor mandó a la sirvienta a comprar vino. Cuando subió con el vino, la señora estaba en la cocina, despeinada y en albornoz. Recibió a la sirvienta con ironía.

–No sabía yo, Anuncia, que tenías que andar tanto para encontrar un sitio donde quisieran despacharte vino.

Anuncia se puso colorada y frunció el ceño. No contestaba. La voz de doña Leonor fue subiendo de tono, como una tormenta que se acercara con gran aparato de truenos y relámpagos.

–Como no pensáis más que en los hombres... ¡Idiotas!

Se metía en la vida privada de la sirvienta.

–Tú, ¡que te has creído que ese sinvergüenza del tendero se va a casar contigo! Vas lista, alma cándida; ya puedes prepararte. Si algo ocurre... piensa en la inclusa; que lo que hace cada una con su pan se lo coma.

La sirvienta intentaba borrar con el delantal las lágrimas de los ojos. Anuncia pensaba que iba a marcharse de esta casa, que no soportaba más esta situación y que otra vendría y se iban a acordar de ella. Doña Leonor cambió entonces el tono de la conversación y le dijo que fuera a buscar a su hija.

b) El diálogo en estilo directo corresponde a las palabras de doña Leonor y va señalado con el guión. El estilo indirecto aparece en el último párrafo, desde «Anuncia pensaba...» hasta el final.

c) La inversión de los dos estilos del diálogo sería de esta forma:

Doña Leonor le dijo con ironía que ignoraba que hubiera ido tan lejos a comprar el vino, a no ser que hubiera perdido el tiempo en otras cosas. Metiéndose en la vida privada de la sirvienta exclamó que solo pensaba en los hombres, y en tono insultante le gritaba que el tendero no iba a casarse con ella de ningún modo y que si algo ocurría, podría meter al niño en la inclusa; esto era un problema de ella.

Anuncia dijo:

–Me voy de esta casa, no soporto más esta situación. Ya verá, otra vendrá que buena me hará.

Doña Leonor le contestó:

–Vete a buscar a mi hija.

4

Un martes por la tarde fui al banco para hablar con el nuevo director. **E**ra un hombre afable, de mirada intensa y algo irónica, con el pelo canoso y bien peinado, que daba golpecitos en la mesa, mientras me escuchaba. **C**ontra lo que temía, la entrevista fue casi como una conversación entre viejos amigos, y me permitió que le preguntara cuanto deseara. **N**o sentí violencia alguna. **M**e informó que el puesto que yo ocuparía era el peor de todos, porque debía quedarme hasta bien tarde para cerrar las cuentas del día y preparar las del siguiente. **L**e presenté algunas cartas y certificados, que acreditaban mi trabajo en el extranjero, pero apenas les echó una ojeada rápida.

–**N**o hace falta –dijo–, conozco bien las amistades de don Ramón.

Firmé unos papeles, me enseñó el horario y me preguntó:

–**¿T**e conviene**?**

Yo le dije que sí y le di las gracias.

Cuando Rosa me preguntó:

–**¿C**uánto te pagan**?**

–**N**o creo que sea gran cosa.

–**¿C**ómo**? ¿N**o te lo ha dicho ese señor**?**

–**C**reo que se me ha olvidado a mí preguntarlo.

–**P**ero, hombre, tú no estás bien de la cabeza**...**

5

El texto de Martín Gaite es así:

–También es raro, ¿verdad?, que nunca nos hayamos conocido, con tantas veces como vengo a vuestra casa.

–¿Esta? –señaló a Mercedes con la cafetera en la mano–. No me extraña; si nosotros la conocemos de milagro. Esta es más salvaje...

Isabel se sonreía sin quitarle ojo. Detallaba las cejas espesas, los grandes ojos castaños.

–No, no me pongas café. Ya he tomado.

–Bueno, pero estate quieta con esas tijeras, ¿qué estás haciendo? Lo pones todo perdido de papelitos.

–Ah, mira, las tijeritas pequeñas –dijo Julia–. Las estuve buscando ayer. Luego me arreglas un poco las uñas, ¿eh, Isabel?

–Sí, mujer, encantada. Pero tengo que llamar a mi madre. ¿Vas a ir al casino esta noche?

–Creo yo que daremos una vuelta. ¿Tú que dices, Julia?

–A mí me da igual. Total, está siempre tan...

–Sí, es verdad, no sé qué pasa este año en el casino. Y cuidado que la orquesta es buena, pero no sé.

–La mezcla –saltó Mercedes–. La mezcla que hay.

–No, y que hay demasiadas niñas, y muchas de fuera. Pero sobre todo las nuevas, que vienen pegando, no te dejan un chico.

Isabel, al decir esto, volvió a mirar a Natalia y le sonrió.

–Sí, vosotras, vosotras, las de quince años son las peores.

Ella desvió la vista.

6

Diálogo en forma directa:

–Voy a subir yo –dijo.

Roque le respondió:

–No eres hombre.

Pensamiento del personaje:

«Adelante, nadie será capaz de hacer lo que tú hagas». *Y seguía ascendiendo, aunque los muslos le escocían ya.* ***«Subo porque no me importa caerme».***

7 a)

1 – 2)

2 – 4)

3 – 1)

4 – 3)

b) Aunque no existe un diálogo propiamente dicho entre los personajes, sí parece haber una comunicación a través de la tos. Es un planteamiento original el que hace aquí Clarín, pues conocemos el pensamiento de los personajes sin intercambio de discurso lingüístico. Es como si inventara otro código que hiciera posible compartir el sufrimiento ante la enfermedad.

c) El autor no ha querido hacer un retrato completo y compacto en un lugar determinado de la narración. Sin embargo, sí nos va dando, a medida que avanza el dúo de la tos, rasgos caracterizadores del hombre y de la mujer.

Observa que no hay nombres propios, que se alude a los personajes por el número de la habitación que ocupan, o bien con los términos *hombre, mujer, enfermo...,* que resultan vagos e imprecisos.

8 Respuesta libre.